L'ÉGLISE SAINT-MÉDARD DE THOUARS

(DEUX-SÈVRES)

HISTOIRE

PAR

AUGUSTE NAYEL

ARCHÉOLOGIE

PAR

HENRI BODIN

PRÉFACE de M. l'Archiprêtre de Thouars,

TOULOUSE
IMPRIMERIE ET LIBRAIRIE ÉDOUARD PRIVAT
45, RUE DES TOURNEURS, 45

1902

L'ÉGLISE

SAINT-MÉDARD

DE THOUARS

L'ÉGLISE

SAINT-MÉDARD

DE THOUARS

(DEUX-SÈVRES)

HISTOIRE	ARCHÉOLOGIE
PAR	PAR
AUGUSTE NAYEL	HENRI BODIN

PRÉFACE de M. l'Archiprêtre de Thouars,

TOULOUSE

IMPRIMERIE ET LIBRAIRIE ÉDOUARD PRIVAT

45, RUE DES TOURNEURS, 45

1902

A MONSIEUR L'ABBÉ PERLAT

ARCHIPRÊTRE DE SAINT-MÉDARD DE THOUARS

Hommage respectueux des auteurs.

A. N. — H. B.

ARCHIPRÊTRÉ
DE THOUARS
(Deux-Sèvres.)

PAROISSE
SAINT-MÉDARD
DE THOUARS

Mon cher Ami,

Un poète latin a dit : « Suave mari magno turbantibus aquora ventis prospicere..... (Lucrèce). *Il est doux, quand sur la mer immense la tempête gronde, de regarder.....* » *Pendant que l'avenir s'assombrit et que d'autres occupent leur jeunesse à s'amuser ou à s'ennuyer, vous avez employé la vôtre à penser et à travailler. Depuis longtemps, selon le conseil du sage,* les lettres ont été la médecine *de votre âme.*

Spectateur attentif des événements, fin critique d'œuvres littéraires, conteur de nouvelles charmantes, vous avez touché à de nombreuses questions. Pourquoi ne le dirais-je pas? Vous avez parfois effleuré des sujets délicats, égratigné quelques épidermes chatouilleux; mais votre plume est si légère, votre attitude si courtoise, votre flèche si adroite que ceux qui se sentent touchés ne se disent pas blessés et vous conservent leur estime.

Aujourd'hui, mon cher Ami, vous vous essayez dans un nouveau genre, et en faisant la monographie *de ma chère paroisse, vous prouvez une fois de plus qu'à certaines âmes la littérature légère ne suffit pas, et qu'avec les années qui viennent et* la bonne douleur *qui parfois éclaire de nou-*

veaux besoins se font sentir. N'est-il pas vrai que la consolation du présent, comme la préparation de l'avenir, se trouve dans l'étude du passé? Votre premier pas est un pas de maître. Après des recherches qui n'ont pas été toutes infructueuses, grâce à votre critique toujours judicieuse et à votre style attrayant, grâce aussi à la collaboration de mon cher paroissien M. Henri Bodin, que je remercie de tout mon cœur, vous avez fait une œuvre complète, intéressante, que tous liront avec plaisir.

Vous ne m'excuseriez pas si, voulant n'être que juste envers vous, je me bornais à des éloges et si je ne vous disais pas toute ma pensée.

Vous avez, mon cher Ami, les défauts de vos qualités. Désirant toujours être courtois dans vos jugements comme vous l'avez été dans vos polémiques, craignant de blesser ceux que vous estimez et ne voulant pas disserter sur des faits ecclésiastiques que vos études ne vous ont pas préparé à apprécier, vous vous bornez à exposer les événements et à signaler la conduite des hommes.

La vérité est toujours utile à dire : Veritas liberabit vos; *et en flagellant les prétendus législateurs de 1790 qui voulaient faire une France schismatique, et celui de mes prédécesseurs qui, dans un moment d'oubli ou de lâcheté, renia ses promesses sacerdotales et s'agrégea à une secte condamnée, votre sévérité n'aurait été que juste et n'aurait mérité aucun blâme.*

La caste sacerdotale, *comme on dit de nos jours, n'a pas la prétention d'être parfaite; elle n'excuse pas comme d'autres les erreurs de ses membres; pour employer le mot du cardinal Maury, étant donnée la fragilité humaine, elle s'estime peu quand elle se considère, beaucoup quand elle se compare.*

Merci donc, mon cher Ami, de votre travail et du plaisir

que sa lecture m'a procuré : toute peine mérite salaire. Je demanderai au bon Dieu de vous rendre complètement la santé, assuré d'avance que vous emploierez votre belle intelligence et votre bon cœur à des travaux qui ne seront pas sans gloire pour vous et sans utilité pour d'autres.

Veuillez agréer, mon cher Ami, mes sentiments affectueux et dévoués.

J. PERLAT,

Archiprêtre, curé de Saint-Médard.

8 juin 1902, fête de Saint-Médard.

CHAPITRE PREMIER

ARCHÉOLOGIE

Description de l'église Saint-Médard.

CHAPITRE PREMIER.

Description du monument.

I.

L'ÉDIFICE. — LE CLOCHER. — LA FAÇADE. — LA NEF.
LES CHAPELLES.

L'église Saint-Médard de Thouars est une des plus curieuses du nord du Poitou. Elle vient — dit Léon Palustre dans sa notice sur Thouars — immédiatement après celles d'Airvault et de Saint-Jouin de Marnes.

Ce qui frappe tout d'abord dans sa structure extérieure, c'est que le clocher, du quinzième siècle, reste incomplet dans le haut; il lui manque, en effet, le couronnement et une toiture qui devait primitivement le protéger, celle qui existe actuellement ayant été mise là seulement contre les intempéries. Fut-il inachevé ou détruit? L'histoire est muette sur ce point. Mais l'aspect extérieur du monument laisse plutôt croire à l'inachèvement, — l'ensemble de l'édifice portant du reste la trace d'un peu tous les styles, d'un peu toutes les époques.

La partie inférieure de la façade est du douzième siècle et présente le plus grand intérêt architectural, malgré la restauration exécutée en 1870[1]. Le sujet principal scé-

1. Cette restauration laissa beaucoup à désirer. Un sculpteur qui y travaillait eut, entre autres fantaisies, l'idée de reproduire, sur l'une

nifie les *Rameaux* (Jésus, monté sur l'âne, fait son entrée dans Jérusalem) et se déroule sur la troisième archivolte, alors que sur la seconde sont représentés les évangélistes et leurs attributs; au-dessus, l'Ascension; plus haut, le Christ trônant au ciel parmi les apôtres. Sur les chapiteaux de la porte, des plus curieux, des bêtes apocalyptiques figurent les supplices de l'enfer. A gauche du portail une niche de forme allongée dans le style du quinzième siècle devait contenir primitivement une statue équestre.

Aussi bien, cette façade apparaît-elle dans son entier comme un fort joli morceau d'architecture, où l'esprit des tailleurs d'images s'est donné libre cours.

∴

En pénétrant dans l'église, on est saisi par la hauteur et la largeur peu ordinaires de la nef, composée des trois nefs primitives qui, réunies, donnent le chiffre respectable, et rare en l'espèce, de *douze* mètres.

A la suite du siège de Thouars, en 1158, Henri II d'Angleterre fit réédifier les murs latéraux, ainsi que celui du chevet, lesquels se rapprochent énormément du style angevin.

Les bas-côtés seuls étaient primitivement voûtés. Une charpente, sans doute armoriée, couvrait la nef centrale : elle fut entièrement voûtée en 1180. L'abside qui existait à l'est fut détruite et remplacée par un chevet droit.

Au quinzième siècle, les deux rangs de piliers, détruits, laissèrent la place à une nef unique, ainsi que nous l'avons dit plus haut. Mais le nouvel espace restant considérable, on disposa, le long des côtés et au droit, des arcs

des têtes de saint, les traits d'un commerçant de la place Saint-Médard qui aimait à le regarder travailler, — idée qui fut aussitôt mise à exécution.

doubleaux, une série de massifs pour asseoir la voûte, qui reposait trop pesamment sur les murs latéraux. C'est là un excellent spécimen des constructions du Midi, dont le début remonte à la fin du treizième siècle.

Au quinzième siècle encore, on ouvrit une immense fenêtre de style ogival dans le mur oriental. Cette fenêtre remplaça trois autres percées au douzième et dont on voit encore les traces de deux petites. Longtemps masquée par un autel monumental, elle se trouve aujourd'hui dégagée et pourvue de vitraux modernes, représentant saint Médard donnant le voile à sainte Radegonde, et dont deux personnages ont des figures connues : un jeune séminariste, parent de l'abbé Vallée, ancien curé de la paroisse, et le Thouarsais Belot, tué parmi les mobiles des Deux-Sèvres, en 1870, au combat de la Bourgonce. De chaque côté de cette fenêtre, deux peintures murales montrent une couple d'anges tenant une couronne de duc au-dessus de trois écussons entourés du collier de l'ordre de Saint-Michel, le tout sur un manteau d'hermine; celui du milieu est aux armes de La Trémoille[1], les deux autres à celles des Aragon-Naples[2].

Une rosace de la même époque fut percée dans le mur de façade, au-dessus du portail.

Saint-Médard s'enrichit, en 1510, d'une chapelle fondée par Gabrielle de Bourbon, située au nord, comprenant deux travées et mesurant 16 mètres de long sur 10 de large. On y remarque un autel dit du *Sacré-Cœur* et provenant de l'abbaye des Châteliers[3].

1. D'or au chevron de gueules, accompagné de trois aiglettes d'azur becquée et membrées de gueules, posées 2 et 1.

2. Ecartelé en sautoir, en chef et en pointe d'or, à quatre vergettes de gueules, et, en flancs, d'argent à l'aigle de sable.

3. Communiqué par Mgr X. Barbier de Montault. — H. Imbert, dans son *Histoire de Thouars*, p. 98, dit qu'il fut apporté de l'abbaye de Chambon.

L'abbaye des Châteliers, Deux-Sèvres, fut démolie de 1801 à 1823.

Une porte de cette façade latérale nord est surtout curieuse par l'influence orientale qui a présidé à sa composition.

Le clocher, peu intéressant et dont nous avons parlé au début, se flanque d'un clocheton en encorbellement terminé en cul-de-lampe; il porte, ainsi que toute la façade nord, des centaines de traces des balles tirées par les Vendéens lors de la prise de la ville en 1793. Ces traces, plus nombreuses à l'entour des fenêtres et lucarnes, feraient croire que des soldats républicains y étaient retranchés et tiraient sur la colonne des chouans débouchant de la Grande-Rue.

A côté du clocher et sur la façade nord existe une chapelle dite des Trois-Maries ou du Saint-Sépulcre; elle fut fondée, en 1480, par Nicolas d'Aigremont, curé de Saint-Médard, dont le tombeau, aujourd'hui disparu, existait du côté sud[1]. Le rétable est situé dans un enfoncement de la muraille en forme de niche, dont le haut serait légèrement cintré; des pendentifs de pierre, ajourés en dentelles, épousaient la forme de la niche et formaient un cadre charmant à ce rétable. Malheureusement, le tout fut mutilé par un brave curé, plus soucieux de l'utile que de l'art, et qui fit détruire les sculptures gênantes pour la pose de ses placards. A droite, en regardant l'autel, une deuxième niche, dans le style de la précédente, contenait, dit-on, primitivement, le tombeau du fondateur. Sans cette particularité, nous aurions été presque disposé

1. Dans LES FIEFS DE LA VICOMTÉ DE THOUARS, *d'après l'inventaire inédit de Jean-Frédéric Poisson, en 1753,* publiés par le duc de La Trémoille et Henri Clouzot, Niort, 1893, on lit, pp. 81-82, à ce sujet : « Appelées, première et seconde chapelle des Trois-Maries, et la « réserve de 17 septrées de terre situées aux Pilliers, que ledit Dai-« gremont a légué à perpetuité au curé de Saint-Médard; depuis ce « temps, un nommé Jacques de Ternes, comme chapelain de la cha-« pelle du Sépulcre, en a rendu l'aveu en entier le 5 janvier 1547. Et « enfin ce fief est maintenant divisé comme j'ai dit ci-dessus et ainsi « qu'on le verra ci-après. »

à y voir l'emplacement réservé au duc et à la duchesse de La Trémoille, qui y entretenaient un desservant[1].

Jadis, cette chapelle était indépendante de l'église; elle ne se trouva réunie à celle-ci que par la construction de la chapelle de Gabrielle de Bourbon.

II.

MEUBLES. — ANTIQUITÉS ET ŒUVRES D'ART.

Les objets antiques sont rares à Saint-Médard, les œuvres artistiques aussi, dispersés sans doute aux diverses époques d'évolution religieuse et de révolution politique.

Le mobilier liturgique lui-même est nul, tout y est moderne, sauf un fer à hosties qui, d'après l'honorable conservateur du musée de Thouars, M. Musseau, serait particulièrement intéressant.

On remarque encore un tableau sur bois d'Isaac de Lermont, qui représente saint Benoist faisant distribuer par deux anges, du haut d'un escalier, des couronnes aux observateurs de sa règle placés sur chaque marche, à droite et à gauche.

On lit au bas : ISAAC DE .·. LERMONT .·. A PEINT . L'AN 1664 .·. DIVINUM NUMEN PRIMUS ES E TIMENDUM.

Un rétable de pierre, malheureusement dérangé de sa place primitive[2], représente la *Nativité*, naïvement sculptée par un tailleur d'images. L'Enfant Jésus repose

1. 1713. — Compte des recettes et dépenses du duché de Thouars, dressé par Jérôme Marillet, procureur fiscal et receveur général du duché de Thouars, pour le règlement des affaires de Monseigneur : « Au s[r] Douet, chapelain de la chapelle des Trois-Maries, desservie dans l'église de Saint-Médard de Thouars.................... 45 liv. » (Chartrier de Thouars. Registre original sur papier. *Les La Trémoille pendant cinq siècles*, t. V, p. 13.)

2. Léon Palustre en signale deux. Nous n'en connaissons qu'un et ignorons ce qu'est devenu l'autre.

sur un panier d'osier. La Vierge (du côté de l'âne, à gauche, en regardant l'œuvre) est agenouillée et vêtue en paysanne; saint Joseph (côté du bœuf), tenant un bâton à la main et debout, coiffé d'un bonnet haut affectant la forme d'un tronc de cône aux bords retroussés et épais, ayant assez l'aspect d'une coiffure d'Orient, est vêtu d'un manteau de pèlerin, la main gauche s'appuie sur la poitrine. La statue manque de proportions, les jambes sont fort courtes par rapport au tronc et à l'énorme tête. Au-dessus, un ange sortant des nuages, et la main droite levée, tient de la gauche une banderole où s'inscrit en noir le mot *gloria*.

L'ensemble forme un seul bloc et était primitivement peint.

Il reste dans l'église quatre colonnes intéressantes provenant de l'autel monumental détruit. Ces colonnes sont sculptées. Sur chacune d'elles, on voit une tête d'ange, et des fleurs et des fruits s'y enroulent. Des chapiteaux ornés de jolies feuilles d'acanthe les terminent.

Au centre de la chapelle Saint-Louis est suspendu un lustre en bronze avec pendentifs de cristal. Deux appliques du même style et de même composition sont placées de chaque côté de la chaire. Nous croyons ces trois objets de l'époque de Louis XIII.

Saint-Médard possède, enfin, dans son clocher, une horloge qui donne l'heure sur deux cadrans : c'est une horloge moderne avec échappement à chevilles, qui marche vingt-quatre heures et sonne sur la cloche du clocheton. Elle appartient à la ville, qui la conserve en très mauvais état.

III.

MODIFICATIONS SURVENUES AU DIX-NEUVIÈME SIÈCLE[1].

Le 20 mai 1866. — Un projet de restauration de l'église est élaboré par M. Daviau, architecte; le devis monte à 36,000 francs; 20,000 francs sont votés par le conseil de fabrique, le reste est à parfaire par la ville, deux maisons voisines de l'église devant être démolies.

Le 21 avril 1878. — Le conseil de fabrique achète une maison touchant la sacristie, qui est agrandie. Le conseil municipal de Thouars doit parfaire la somme votée.

Le 22 juillet 1882. — Le conseil de fabrique vote une somme destinée à la restauration de l'intérieur sur devis de M. Daviau. M. Paul Viau prend l'entreprise et mène la chose à bien.

C'est de cette époque que datent les écussons et motifs placés aux sommets des nervures des voûtes, et les saints placés sur ces nervures dans l'axe de l'église. C'est aussi à ce moment qu'on remplaça le pavage en pierres par un ciment et qu'on détruisit maladroitement et malheureusement toutes les épitaphes des tombes que renfermait l'église, *sans même les avoir relevées*. La rosace au-dessus du porche fut en même temps ornée d'une verrière en grisaille.

Le 20 avril 1864. — Le conseil de fabrique décide que le grand autel monumental sera détruit et la grande fenêtre ogivale, qu'il masquait, dégagée et ornée d'une verrière.

Le 13 avril 1890. — La chapelle Saint-Louis a ses deux

1. Extraits des registres de délibération du conseil de fabrique de l'église Saint-Médard.

fenêtres débouchées et garnies de vitraux, dont l'un représente saint Louis rendant la justice sous le chêne légendaire de Vincennes, et l'autre sa mort en Palestine.

Tous les vitraux de l'église sont de Lobin.

Le 3 juillet 1892. — Le conseil de fabrique autorise l'abbé Renard à transporter l'autel de marbre provenant de l'ancien grand autel monumental en sa chapelle des Capucins dite de Saint-François d'Assise[1].

En 1899. — M. Hulin, serrurier à Thouars, exécute la grille du chœur et des fonts baptismaux. Ces grilles font, du reste, grand honneur à l'ouvrier thouarsais qui s'est inspiré des meilleurs motifs des anciens maîtres ferronniers.

IV.

LES TOMBEAUX DE L'ÉGLISE SAINT-MÉDARD.

Les tombeaux de Saint-Médard ont tous disparu.

Cependant, la précieuse collection Gaignières, à la Bibliothèque nationale, nous a conservé le dessin d'un de ces monuments : celui qui contenait les restes de Loys de Refuge, chevalier, seigneur d'Ourigny et de Thieultoy, vicomte dans les Artois, gentilhomme ordinaire de la maison du roi, tué, le 3 octobre 1569, à la bataille de Moncontour. Il était placé au long d'un pilier, près la chapelle Saint-Pierre.

Un deuxième contenait le corps de Perceval d'Appelvoisin, seigneur de Bournizeaux, décédé en mars 1473. Il était placé en la chapelle et devant l'autel de Notre-Dame[2].

Il existe encore dans le mur de gauche, près du grand

1. Cet autel proviendrait, dit-on, d'un des tombeaux de la collégiale du château.
2. Cartulaire de Saint-Jouin.

autel, une niche avec cintre ayant la forme d'une anse de panier et décorée de pendentifs mutilés. Cette niche devait vraisemblablement contenir un tombeau. Auprès s'ouvre une petite porte donnant dans la chapelle Saint-Louis, et qui permet aux fidèles d'aller de cette chapelle au maître-autel sans traverser l'église. Elle est ornée d'un bandeau sculpté représentant deux personnages dont le corps sort d'un culot en feuilles d'acanthe et se termine par des enroulements de feuilles d'un beau style; ils tiennent, en outre, un écusson qui malheureusement a été martelé.

V.

LE CIMETIÈRE DE SAINT-MÉDARD.

Comme toutes les églises, Saint-Médard posséda un cimetière, qui, sans doute, l'entourait presque totalement. Ce cimetière, qui datait de la fondation du monument, était confiné au dix-huitième siècle dans un espace comprenant une partie de la place Saint-Médard et touchant les murs nord et est. On y enterrait les paroissiens. Les personnages de marque et bienfaiteurs de l'église étaient inhumés dans l'église même; les gens de moindre importance, chevaliers et nobles de rangs inférieurs, avaient cependant des places privilégiées près du mur nord, la tête dirigée vers le septentrion, afin qu'ils reçussent l'eau des gouttières, façon bizarre d'*étancher la soif ardente qui devait*, disait-on, *les dévorer*.

Ce cimetière fut supprimé en 1726[1]. Malgré cela, restaient encore, il y a une cinquantaine d'années, quelques tombes entre le mur nord et les baraques construites à cet endroit et disparues depuis.

1. Drouyneau de Brie, *Hist. de Thouars*, manuscrit.

VI.

LES BARAQUES DE LA PLACE SAINT-MÉDARD.

Il paraît impossible de terminer une étude sur Saint-Médard sans parler de la lèpre qui l'avait envahie et qui modifiait sa physionomie extérieure à un tel point que la façade même disparaissait sous le mal.

Nous voulons parler des baraques que l'autorité ecclésiastique avait laissé s'accrocher à l'église, tels des parasites compacts vivant aux dépens d'autrui.

A une époque, où les finances religieuses devaient laisser à désirer, après les guerres de religion, sans doute, l'église avait vendu le droit d'appuyer des boutiques et échoppes à l'entour du saint monument, de s'y incruster au point de faire des murs de l'église des murs mitoyens, comme au temps où les marchands s'emparaient du temple consacré.

Ces baraques étaient occupées par des cordonniers, horlogers, bouchers, merciers, marchands de marée, sabotiers, etc. Quelques-unes ne possédaient qu'un étage, notamment les deux du seizième siècle qui s'élevaient de chaque côté de la porte principale; celles qui avaient simplement un rez-de-chaussée n'étaient habitées que le jour. Certaines même s'ouvraient seulement à l'occasion des marchés et des foires. Les unes et les autres, sans exception, ayant été achetées en bloc par la ville en 1862, disparurent de 1866 à 1870.

Qu'elle était donc curieuse et pittoresque ainsi notre place Saint-Médard, entre les maisons à pignons complètement dégagées depuis la disparition de la rue transversale du *Minage*, avec les échoppes accolées à l'église, l'ancien groupe de bâtiments que vit s'élever le seizième siècle et s'abattre le dix-neuvième, et le vieux puits communal, à l'angle nord-est, où aimaient à bavarder les commères, jeunes et âgées, à l'ombre de la croix!

VII.

DU RÔLE DE L'ÉGLISE DE SAINT-MÉDARD A TRAVERS LES AGES.

Saint-Médard était une église paroissiale, c'est-à-dire soumise à la juridiction épiscopale ou à celle des abbés.

Aux douzième et treizième siècles, ce fut à qui, du pouvoir monastique ou du pouvoir épiscopal, aurait le plus d'églises : de là cette quantité de monuments religieux élevés à cette époque. L'épiscopat sut maintenir à son profit le développement communal du douzième siècle et ramener les populations vers lui en bâtissant de nouveaux édifices ou en rebâtissant en tout ou en partie les anciens. Et ce mouvement fut encouragé par la noblesse séculière, qui redoutait de voir les abbés s'ériger en seigneurs féodaux.

Saint-Médard était surtout l'église du peuple; les autres églises appartenaient à des religieux. Aussi subit-elle ses premières modifications avec l'inauguration de la commune. Les artistes qui sculptèrent sa façade étaient des laïques; on y trouve la rude main des artisans de l'époque. C'était, nous le répétons, la maison du peuple, celle où se réfugiaient les corporations pour leurs séances, où elles avaient des autels entretenus par leurs soins et que l'on décorait des chefs-d'œuvre des compagnons. Deux de ces chefs-d'œuvre existent encore : ce sont des travaux de charpentiers. Saint-Laon et Saint-Pierre, plus importantes, étaient aussi plus aristocratiques et turbulentes, toujours en dispute pour des questions de préséances, plus riches également en dons de toute nature de la part des nobles et bourgeois.

C'est à Saint-Médard, on le verra au cours de cet ouvrage, que sous la Révolution et l'Empire les *Te Deum* se chantaient.

Le grand mouvement des douzième et treizième siècles, qui poussa à la construction des églises et les fit, pour ainsi dire, jaillir du sol ou modifier profondément les anciennes, a donc apporté à Saint-Médard des modifications profondes : on a fait grand et beau. Le quinzième siècle s'ouvrant, l'élan est ralenti, la foi manque ou modernise le culte. On élève alors ce clocher banal, qui est brusquement laissé inachevé et qui ne se terminera jamais.

L'unité nationale est faite, la féodalité détruite. Le pouvoir royal a succédé à toute la hiérarchie nobiliaire, à la commune. De cette église que l'on a dressée en face du château et dont la foule sonne les cloches et qu'elle envahit aux grands jours, de ce défi à la féodalité religieuse, de cet abri contre l'injustice des grands, de tout cela le véritable caractère a fini et le grand portail n'est plus le livre ouvert où la population lisait, par l'image, les grandes scènes de l'Ancien et du Nouveau Testament.

Le château lui-même a perdu son importance ; les fortifications en sont démodées. Celles de la ville, au contraire, viennent d'être refaites, les fidèles sont las et laissent leur clocher inachevé, malgré que leur église soit la seule ouverte au culte sous la Révolution et la seule encore à Thouars qui soit concordataire.

« ... *Dépouillées aujourd'hui*, — a dit Viollet-le-« Duc, — *mutilées par le temps et la main des hommes*, « *méconnues pendant plusieurs siècles par les succes-* « *seurs de ceux qui les avaient élevées, nos cathédrales* « *apparaissent, au milieu de nos villes populeuses,* « *comme de grands cercueils ; cependant, elles inspi-* « *rent toujours aux populations un sentiment de res-*

« *pect inaltérable; à certains jours de solennités publi-*
« *ques, elles reprennent leur voix, une nouvelle jeu-*
« *nesse, et ceux même qui répétaient, la veille, sous*
« *leurs voûtes, que ce sont là des monuments d'un au-*
« *tre âge sans signification aujourd'hui, sans raison*
« *d'exister, les trouvent belles encore dans leur vieil-*
« *lesse et leur pauvreté.* »

H. Bodin.

CHAPITRE II

—

HISTOIRE

—

Premières années de l'église Saint-Médard.

CHAPITRE II

Premières années de l'église Saint-Médard.

I.

DATE INDÉCISE.

La premiere jeunesse de l'église Saint-Médard de Thouars, moins fortunée que celle des grands hommes de tous les temps et semblable un peu aux peuples heureux, n'a pas d'histoire, — pour la bonne et plausible raison que rien n'est resté des registres de la paroisse, brûlés et dispersés à plusieurs reprises, notamment au cours des guerres de religion. Et, chose curieuse, cet envol aux quatre vents des précieux papiers fut si complet que l'on pouvait, il y a encore quelques années, retrouver des folios épars chez les marchands de tabac de la ville qui en confectionnaient... *des cornets!* SIC TRANSIT GLORIA MUNDI!... Malheureusement, les rares feuillets qu'à ce moment on parvint à sauver des mains des « barbares » ne purent apporter aucune lumière nouvelle sur la fondation de Saint-Médard, dont la date exacte, ainsi, malgré de patientes recherches, restera probablement toujours incertaine.

Toutefois, différents actes font mention de l'église aux douzième et treizième siècles. L'un date des environs de l'an 1100 et cite un curé de Saint-Médard du nom de *Pérégínus*. Un second, de 1114, parle d'un *Thibaud* de

Saint-Médard[1]. Il est également question de « cette dernière » dans un traité passé vers la même époque entre le chapitre de Saint-Hilaire de Poitiers et un sieur Guillaume, de Thouars, lequel traité fut élaboré et paraphé dans une maison de « *la paroisse Saint-Médard*[2] ». En deux autres chartes, de 1182 et de 1219, on relève encore les noms de deux curés de Saint-Médard, *Pierre* et *Jean David*[3]. Toutes choses qui semblent bien faire remonter au commencement du douzième siècle la pose de la première pierre de notre église. Enfin, ajouterons-nous, jusqu'à la fin du douzième siècle, le territoire qui a formé le doyenné de Bressuire dépendait de l'immense doyenné de Thouars; ce fut seulement vers 1180 qu'une nouvelle circonscription ecclésiastique en fut détachée, au profit de Bressuire, par Jean III, évêque de Poitiers[4]. Un tel fait ne s'explique, évidemment, que par une surextension du clergé thouarsais, à la suite de la création d'une église paroissiale ne pouvant être que Saint-Médard, puisqu'on officiait déjà à Saint-Laon depuis près de cent ans.

On pourrait objecter que Droüyneau de Brie, dans ses *Mémoires*, après avoir prétendu que des documents du début du douzième siècle mentionnent les chapelains de Saint-Médard et leur curé *Thibaud* (le même assurément que le *Thébaud* de M. H. Imbert), ajoute que l'édifice « est plus ancien[5] ». Mais nous observerons à notre tour que l'auteur des *Mémoires* ne donne aucune preuve à l'appui de cette révélation, simple caprice, probablement, de l'imagination d'avocat qu'était celle de Droüyneau.

1. H. Imbert, *Hist. de Thouars*, p. 91.
2. Fom Fonteneau, *Saint-Hilaire*, p. 175.
3. *Cartulaire* de Saint-Laon de Thouars.
4. Baluze, *Epist. Innocentii III*, t. II, p. 118.
5. Droüyneau de Brie, *Mémoires manuscrits*.

Aussi bien était-ce là, par toute la France, l'époque où s'édifiaient ces grandes et belles cathédrales qui étonnent par leur puissance le voyageur et l'émerveillent par leur richesse architecturale. Après Saint-Germain-des-Prés, Saint-Etienne de Nevers, Saint-Hilaire de Poitiers, après l'église de Saint-Savin, dans la Vienne, ce furent Notre-Dame de Paris, les magnifiques cathédrales d'Amiens, de Chartres, de Reims, de Bourges, ce furent les plus modestes églises paroissiales de Saint-Séverin, à Paris, et la simple, mais admirable, chapelle du Palais-de-Justice. On dirait qu'un prurit de dévotion et d'art tout ensemble agitait, au fond des bourses, les écus inactifs des évêques et des villes, et que l'architecte et le sculpteur fussent les rois de ce siècle monacal. Et en quelques années, le vieux sol gaulois sembla se hérisser de doigts monstrueux, montrant le ciel, indiquant le chemin du salut à la foule jouisseuse et l'invitant à la prière qui s'élève, invisible et rapide, vers la Justice et le Pardon.

Du reste, ce devait être le bon temps, si l'on en croit le mot de Nadaud, le maçon-député : « Quand le *bâtiment* va, *tout* va! »

Comment donc la ville de Thouars, puissante par ses vicomtes et sa position géographique, eût-elle résisté au tourbillon qui entraînait ses sœurs parfois moins fortunées? Deux paroisses, alors, se disputaient seulement le zèle religieux de nos ancêtres thouarsais, et à ce tournant de son histoire, notre cité voyait précisément augmenter sa population qui, peu élevée sous les Capétiens, avait pris une extension subite à la fin du onzième siècle. Tout laissant prévoir une longue régularité dans ce mouvement ascendant, il est fort probable que le besoin, ressenti par tous, d'une nouvelle église fut la conséquence inévitable et logique d'un tel état de choses, — et que l'exécution suivit de près l'idée.

Il convient de remarquer, en outre, que le douzième siècle fut pour la ville de Thouars l'ère des plus importants travaux, — les fortifications, la reconstruction du château brûlé par le comte d'Anjou, l'aumônerie de Saint-Michel, etc., — et qu'enfin l'*étude archéologique* du monument ne laisse aucun doute au sujet de l'époque à laquelle sortirent de terre les assises de Saint-Médard de Thouars.

II.

LE VOCABLE DE SAINT-MÉDARD.

Maintenant, pourquoi ce nom de *Saint-Médard* accolé à l'église de Thouars?

A une telle question, il nous est malheureusement impossible de répondre de façon certaine, aucun document, aucune légende même n'ayant résisté à l'oubli et ne permettant, par conséquent, de donner une solution sûre à ce problème d'histoire locale; et, certes, cette absence absolue de tout témoignage contemporain fait regretter, plus que n'importe quelle autre lacune, la pauvreté des archives thouarsaises.

Nous voici donc réduits aux suppositions, aux hypothèses. Et Dieu sait combien, en ce cas, est limité le champ de l'induction!

On n'ignore pas qu'au Moyen-âge la construction des grands monuments — et en particulier celle des monuments religieux, cathédrales ou églises — était entreprise par des « corps » d'ouvriers du bâtiment ou confréries de travailleurs qui s'intitulaient eux-mêmes les « logeurs du bon Dieu », habitués à travailler ensemble, ne se quittant jamais et faisant ainsi, de chantier en chantier, le tour de l'Europe. Arrivées en quelque endroit, ces confréries « s'installaient, demeuraient pendant des années, sans cesse renouvelées par la mort et se recrutant de nouveaux membres, travaillant aussi longtemps qu'on pouvait leur fournir des fonds, émigrant quand l'œuvre était achevée ou quand l'argent manquait pour terminer[1] ». Or, de coutume, ces groupes de « francs-maçons » se plaçaient sous le patronage d'un saint dont ils célébraient solennellement la fête et sous la puissance duquel ils se trouvaient ainsi embrigadés. Il se peut donc, en ce qui concerne Thouars, que le corps d'ouvriers auquel fut confiée la construction de l'église dont nous écrivons l'histoire était sous la protection de *saint Médard*, et que ce nom soit demeuré celui de l'édifice.

D'autre part, il n'est pas inadmissible que, dès sa fondation, soit par legs, soit par échange, la nouvelle église possédât une relique de *saint Médard* et que, par suite, ce dernier nom fût choisi lorsqu'il s'agit de baptiser le saint lieu. D'autant plus qu'à cette époque la crédulité était en raison inverse du sens critique — très peu développé ; la seule déclaration d'authenticité suffisait pour sacrer une relique, et l'historien Raoul Glaber, au onzième siècle, assure que *des reliques reconnues fausses* OPÉRAIENT DES MIRACLES !...

Peut être encore — et enfin — les maçons fixèrent-ils leur « bouquet » au sommet de la tour au mois de juin, le jour de la Saint-Médard?... Quoi qu'il en soit, de tout temps l'église Saint-Médard fut connue sous ce nom patronymique, et nous ne croyons pas inutile de fixer ici, brièvement, en quelques lignes, la vie du saint dont nous entretenons depuis un moment le lecteur.

1. A. Rambaud, *Hist. de la Civilisation française*, t. I, f° 385.

III.

HAGIOGRAPHIE DE SAINT MÉDARD.

Fils du Franc Nectard, l'un des principaux seigneurs de la cour du roi Childéric, Médard naquit au village de Salency, à une lieu de Noyon, en Picardie, vers l'an 459. Sa mère, Protagie, qui était chrétienne, avait épousé l'idolâtre Nectard sur l'injonction d'un ange de Dieu, et convertit rapidement son mari à la religion du Christ.

Toute sainte fut l'enfance de Médard, et maints exemples admirables prouvèrent que, dès le jeune âge, le don de prophétie s'attachait a la parole du futur saint : c'est ainsi qu'il prédit à l'un de ses compagnons d'école, nommé Eleuthère, qu'il serait un jour évêque, — ce que l'avenir sanctionna.

Edifiante surtout était la compassion de Médard pour les pauvres et les malheureux : habits abandonnés à des miséreux, cheval donné à un cavalier démonté, bornage miraculeux et instantané d'un champ appartenant à des paysans nécessiteux, tels sont les actes qui attirèrent l'attention publique sur lui au point que « Nectar et Protagie laissèrent à leur fils toute liberté de faire l'aumône, ne doutant pas que, faite d'une si bonne main, elle n'attirât la bénédiction du ciel sur leurs personnes et sur leur famille[1] ».

Jusqu'à sa promotion à l'épiscopat, Médard « assista son père, son évêque et nos Roys de ses sages conseils, et édifia merveilleusement tout le Vermandois par la sainteté de sa vie et par la force de ses discours et de ses

1. Le P. Giry, *Vie des Saints*, t. V, p. 545; ouvrage auquel nous avons emprunté toutes nos citations sur saint Médard.

exhortations », si bien que, même dans la vie privée et quotidienne de ce saint prêtre, Dieu prit sa défense et le protégea en toutes choses.

Enfin, nommé évêque de Noyon, puis plus tard de Noyon à la fois et de Tournay, il s'appliqua, de toute sa foi et de tout son pouvoir, à régénérer ces diocèses, le dernier surtout, à tel point qu'on « y vit rapidement reluire, avec grand éclat, la lumière du christianisme ».

Malheureusement, aux approches da la quatre-vingt-cinquième année, une grave maladie, jointe à la vieillesse, donnait à Médard « des gages comme assurés de sa prochaine délivrance. Le roi Clotaire, l'ayant appris, vint trouver le saint prélat pour recevoir sa bénédiction : il lui demanda où il voulait être enterré; Médard dit que ce devait être dans sa cathédrale. Mais le roi insista fortement pour que le corps fût transporté à Soissons, où il ferait bâtir une basilique magnifique pour lui servir de tombeau. Le saint dut céder ». Peu de temps après, Médard rendait le dernier soupir, le 8 juin 545. On prétend que les personnes présentes virent son âme toute pure monter au ciel et, durant près de deux heures, des lumières célestes errer autour du cadavre. Avant qu'on fermât complètement le cercueil de Médard, deux colombes vinrent s'y poser, et une troisième, « plus blanche que neige », s'échappa de la bouche du saint. Le corps de saint Médard fut transporté dans la basilique de Soissons, que les successeurs de Clotaire s'ingénièrent à embellir et à parer de riches et superbes présents.

Ajoutons que saint Médard était le frère jumeau de saint Godard, archevêque de Rouen, et que tous deux moururent le même jour, après avoir, « comme deux beaux soleils, éclairé les églises de Picardie ».

CHAPITRE III

—

HISTOIRE.

—

L'église Saint-Médard jusqu'au dix-neuvième siècle.

CHAPITRE III

L'église Saint-Médard jusqu'au dix-neuvième siècle.

I.

LE MOYEN-AGE. — QUERELLES INTESTINES.

L'église Saint-Médard de Thouars semble, à travers les siècles, une déshéritée, une innocente victime du fameux droit d'aînesse. Car le clergé de Saint-Laon, à qui allaient toutes les gloires, à qui allaient tous les honneurs, ne pensa jamais, — plus fier qu'Esaü, — même pour un plat de lentilles, à céder à son cadet les faveurs dont il jouissait. Et Saint-Médard, longtemps, resta Jacob comme devant.

Pourtant, malgré cette relégation au second plan, la paroisse de Saint-Médard ne manqua pas de se faire une place honorable dans l'histoire de Thouars, si fertile en fastes et, malheureusement aussi, en misères de tous genres.

Après sa fondation, pendant de longues années, l'église Saint-Médard demeura donc dans l'ombre, timide et ignorée. Isolée au milieu des jardins, des prés et des cimetières des deux autres paroisses, elle n'était destinée, dans le principe, qu'aux habitants des hameaux de Vrine, Belleville, Fertevaut et Crevant, ce qui lui avait valu le surnom de Saint-Médard-des-Champs. L'église faisait déjà partie — ainsi qu'en témoigne la bulle du pape Alexandre III, en 1169 — des domaines de l'abbaye Saint-Jean-de Bonneval, de l'ordre de Saint-Benoît.

Le premier honneur lui vint en 1305. Cette année-là, en effet, le 18 mai, lendemain de l'Ascension, l'archevêque de Bordeaux, venant de Bressuire, s'arrêta dans la ville de Thouars[1]. Après avoir visité Saint-Laon, Bertrand de Got — c'était son nom — se rendit à la nouvelle église et là, après avoir servi solennellement la messe, prêcha et donna le sacrement de confirmation. L'honneur, du reste, était plus grand encore que ne le soupçonnaient les fidèles : quelques jours seulement après cette visite, le 5 juin, le conclave de Pérouse élevait Bertrand de Got à la dignité de pape sous le nom de Clément V. Une semaine encore, et un Souverain-Pontife consacrait l'église Saint-Médard.

C'est seulement en 1364 qu'un peu de bien vint à celle-ci de Simon de Thouars, comte de Dreux. Ce gentilhomme, tué dans un tournoi en 1365, — le jour même de son mariage avec la fille du comte d'Eu, Jeanne d'Artois, — légua par testament une rente à l'église Saint-Médard et à l'œuvre de Notre-Dame de Thouars. Le chevalier Miles, seigneur de Pouzauges, se trouvait au nombre des exécuteurs testamentaires[2].

Quelque treize ans après, par acte du 5 novembre 1378, le vicomte Tristan Rouault et Péronnelle, sa femme, fondaient une chapellenie dans l'église Saint-Médard. « La « dotons, disaient-ils, de quinze livres de rente perpé« tuelle pour lesquelles nous assignons nostre banc ou « estal assis en nostre boucherie de Thouars, lequel « feust feu Guillaume Bastard et est le deuxiesme estal

1. *Bressuire*, Bélissaire Ledain, p. 89.
2. Fonds *La Fontenelle*, Bibl. de Niort. Le testament est daté du 21 juin 1364.

« devers la maison de Constance, et en regardant d'un « costé devers ladite église[1]... »

Cependant, s'éterniser derrière les autres n'est pas le fait de tous les caractères. Il y a des humeurs pointilleuses, telles notamment que celle montrée par Nicolas d'Aygremont en 1471. Entre ce curé de Saint-Médard et le doyen de Thouars, Guillaume Arnaud, une question litigieuse s'éleva au sujet de la préséance dans l'église Saint-Pierre. Les prétentions des rivaux ayant été dûment rédigées par Mes Sainton, Pousineau et du Risseau, tous notaires près la Cour de Thouars, Arnaud requit le chapitre, le 9 mars 1471, de l'installer dans l'église Saint-Pierre avec le titre de « doyen-chef ». Les chanoines répondirent à l'unanimité, par la voix de Guillaume Havart, licencié ès lois, que la qualité de doyen de Thouars n'impliquait nullement celle de doyen de Saint-Pierre. Arnaud se fâcha, tenta d'intimider — mais inutilement — l'abbé d'Aygremont. Et, malgré l'absence de pièces probantes, tout porte à supposer que le curé de Saint-Médard eut gain de cause et resta le doyen des chanoines de la collégiale de Saint-Pierre[2].

Du reste, c'est très fréquemment que l'on trouve à cette époque des procès de préséance intentés aux deux autres par l'un des trois chapitres de Thouars. Et c'est avec une peine inouïe — et non par la suite sans heurts ni froissements — que le concordat de 1536 régla ladite question en convenant : 1° que l'abbé de Saint-Laon et le doyen de Thouars fermeraient les rangs dans les processions publiques, l'abbé à droite et le doyen à gauche ; 2° que chaque chapitre aurait la préséance à son tour ; et, enfin,

1. Dom Fontaneau, t. XXVI, p. 301. (Bibl. publique de Poitiers.)
2. D'après un acte authentique communiqué à M. Imbert par M. Guilbault, de Saintes.

3° qu'ils s'assembleraient et feraient l'office dans l'église Saint-Médard[1].

Thèses d'orgueil simplet, bien humain et, surtout, bien excusable. En somme, la société n'est-elle pas entièrement fondée sur un protocole tacite presque toujours fidèlement observé ?

II.

OBSÈQUES DE FRANÇOIS DE LA TRÉMOÏLLE. — CONFRÉRIE DE NOTRE-DAME-DE-LA-CONCEPTION.

Le 7 janvier 1541 mourait, au château de Thouars, François de la Trémoïlle, « en son vyvant chevallier de « l'ordre du Roy, comte de Guynes, de Benon et de Taillebourg, vicomte de Thouars, prince de Thallemond ».

Comme on pense, l'enterrement du seigneur revêtit un caractère tout particulier de parade et de somptuosité.

Transporté sitôt après le décès à l'église des Jacobins, le corps n'y fut pris en vue de la cérémonie funèbre que le 6 février suivant, vers les neuf heures du matin, pour être porté à Notre-Dame-du-Château.

Précédé de cent pauvres vêtus de deuil, du clergé de la ville et des paroisses voisines, et enfin des armures du vicomte, le corps était porté sur un brancard par les jeunes gentilshommes de la maison.

Puis venaient le deuil, les seigneurs des environs, les officiers, « les bourgeois, manans et habitants de la ville « et aultres ». « Et fut dict en ladicte église Nostre-« Dame deux grans messes, environ sept et huyt heures, « premier que le corps y fust apporté. La troisiesme fut « dicte et chantée par monsieur d'Esbron, suffragant de « monsieur l'evesque de Poitiers. »

Naturellement, les différents clergés, pour cette occa-

1. Cf. Bourniseaux, *Thouars*, p. 75.

sion, avaient fait des frais indispensables dont les héritiers eurent à cœur de les indemniser immédiatement.

En ce qui concerne Saint-Médard, voici ce que le chartrier de Thouars nomme l'acte de *mise* :

« A l'église Sainct-Médard de Thouars, pour les messes « dites et célébrées en icelle par les pbrestres survenans, « comprins les messes des vicquaires des paroisses venuz « avec leur équipaige et paroissiens ledict jour de l'ob- « secque, a esté payé par Me Jehan Chabert, commis « au payement desdictes messes, la somme de cinquante « et une livres, quatre solz, huyt deniers, comprins en « ce quelque menue mise, ainsi qu'il est apparu par le « roolle desditz pbrestres, montant ladicte somme « à. . . . . LI L., IIII S., VIII d.

« *Item*, à ladicte église Sainct-Médard ledict jour, pour « le service faict par le curé et compaignons d'icelle, qui « a esté troys grans messes à diacre et soubzdiacre, « libera, vigilles et autres suffraiges des trespassez avec- « ques les messes des compaignons de ladicte église, a « esté payé cinquante solz, par quictance d'ung des vic- « quaires, pour ce. . . . . L solz.

« *Item*, pour la sonnerye de ladicte église, par quic- « tance du clerc d'icelle. . . . . XXX S.

« *Item*, pour les compaignons pbrestres de l'église « Sainct-Médard, allant chanter requiem, libera ou autres « suffraiges autour du corps, savoir. . . . . III écus ».

A tout considérer, les La Trémoïlle, en l'occurrence, firent très bien les choses, si l'on veut surtout songer à l'infimité des tarifs religieux de l'époque.

Ajoutons, pour être complets, que la famille paya une note fort respectable au sieur Mathieu Gaultier, « appoticquaire » à Thouars, pour le « lumynaire qu'il a faict et fourny » aux églises où, notamment à Saint-Médard, des cierges brûlèrent sans interruption à tous les autels les dimanche, lundi et mardi, et où durant ces trois jours la foule chantait « à tous venans[1] ».

Un dernier détail :

Dès cette époque, — et depuis une date que l'on ne saurait fixer, — il existait à l'église Saint-Médard une confrérie de *Notre-Dame-de-la-Conception* dont les seigneurs de Thouars étaient parmi les bienfaiteurs, ainsi qu'en fait foi le document suivant, tiré des *Comptes divers* de la famille de la Trémoïlle :

« Le XXIIIe jour de décembre (1541), baillé (par
« Pierre Guerry, receveur général de Monseigneur)
« aux bastonniers de la confrairie de Nostre-Dame de la
« Conception, en l'église Sainct-Médard, tant pour Mon-
« seigneur, Mesdames que Messieurs les Enffans, un escu
« solleil, cy. . . . . XL solz. »

Il se pourrait cependant, malgré l'absence de date précise, que la confrérie en question n'eût fait son apparition à Saint-Médard que dans le courant de l'année 1541, car, dix mois auparavant, ses membres ne se trouvaient pas mentionnés dans le cortège de l'enterrement du vicomte François. Or, les La Trémoïlle participant, on vient d'en juger, au budget de l'association, certainement celle-ci eût eu à cœur de se faire représenter à la cérémonie.

Du reste, nous n'avons trouvé aucun document signalant une confrérie à Thouars avant 1541.

III.

LE PROTESTANTISME. — LES GUERRES DE RELIGION. LE CLERGÉ CHASSÉ. — SON RETOUR.

Jusque vers la seconde moitié du seizième siècle, dit Droüyneau de Brie, « la ville de Thouars avait été fort

1. Cf. *Les La Trémoïlle pendant cinq siècles* (Nantes, Grimaud, 1895), t. III, pp. 48 et 49.

« tranquille sur la religion; mais l'escapade des religieu-« ses[1] ayant trouvé des apologistes, les semences de la « division qu'elle renfermait en elle-même commencè-« rent à germer et ne tardèrent guère à montrer leurs « fruits ». Dès lors, Thouars connut toute l'horreur des guerres religieuses.

Le vicomte de Thouars, Louis III, ayant épousé Jeanne de Montmorency, — fille du connétable, oncle lui-même de l'amiral de Coligny, âme du parti calviniste, — les partisans de la nouvelle secte crurent avoir dans cette ville un asile assuré. Le vicomte, en effet, les accueillit favorablement, et ils se multiplièrent bientôt au point de devenir presque les maîtres de la ville. Il serait peut-être dramatique, mais à coup sûr inutile. d'entrer ici dans le détail des excès auxquels se livrèrent les protestants à Thouars. Ce faisant, nous dépasserions en outre le cadre que nous nous sommes tracé; aussi nous bornerons-nous à relater les seules exactions ayant eu l'église Saint-Médard pour théâtre.

Parfois, cependant, au cours de ces années troublées, une bonne étoile sembla protéger Saint-Médard. En 1561, par exemple, toutes les églises de la châtellenie furent pillées, brûlées ou démolies; après avoir brisé les vases sacrés, les protestants jetèrent au vent les reliques des saints. Seules, Notre-Dame-du-Château et l'église Saint-Médard n'eurent à souffrir d'aucune violence, celle-là en considération du vicomte, celle-ci parce que les hérétiques décidèrent d'y faire le prêche[2]. Menacés de cruelles représailles, les chanoines du chapitre de Saint-Pierre, ainsi que les autres prêtres, durent prendre la fuite et

1. Droūyneau de Brie, *Mémoires manuscrits*, p. 41. — On sait, en effet, que les religieuses de Saint-Jean, à cette époque, après des années de libertinage et de licence insensés, se partagèrent les richesses du couvent, s'enfuirent à Genève et s'y marièrent, sauf la sœur tourière, qui était trop laide, dit-on, pour trouver galant.

2. Cf. Droūyneau de Brie, *Mémoires manuscrits*.

opposer à la férocité — le mot n'est pas trop fort — de leurs adversaires la ruse et les travestissements les plus compliqués. Certains se réfugièrent à Bressuire, d'autres à Montreuil-Bellay, d'autres encore à Mortagne. La nouvelle secte triomphait.

« Les pasteurs dispersés, qui auraient pu arracher l'ivraie, il fut question de la semer. On chargea de cette mission un nommé Laroche, homme déterminé, qui, ayant été carme au couvent de Poitiers, avait quelque science, et qui, vivant avec une femme qui avait son mari, avait intérêt à persuader le libertinage[1]. » Fort heureusement pour lui, Laroche se contenta longtemps de prêcher « sans contradiction » sous les halles et dans une maison portant alors le nom de *La Frairie*. Cela dura plusieurs mois. Mais un jour que des catholiques priaient dans l'église Saint-Médard, Laroche eut la malencontreuse idée de violer la nef, suivi d'une troupe d'hérétiques, et de monter en chaire. Naturellement, les catholiques ne lui laissèrent pas le loisir de poursuivre longtemps l'exposé de ses blasphèmes : des murmures s'élevèrent, transformés bientôt en cris d'indignation ; le peuple s'assembla, des bras robustes arrachèrent Laroche de la tribune sacrée, et, non sans le houspiller fortement, on « sortit » le prêcheur jusque devant la grande porte, sur la petite place qui s'appelait alors *Carrefour Belle-Croix*. Cinq minutes après, le corps de Laroche se balançait à la lanterne du coin de la rue du Minage (31 septembre 1561).

Les protestants se vengèrent immédiatement. Sous les ordres du fougueux Chateauneuf, cinq cents fantassins calvinistes vinrent occuper la ville de Thouars qu'ils conservèrent dix mois, jusqu'à ce que le vicomte, comprenant enfin la faute qu'il avait commise en laissant mo-

1. Droüyneau de Brie, *Mémoires manuscrits*.

lester les catholiques, rappela le clergé chassé. Les chanoines du Château étaient de retour le 17 juillet 1562; le curé de Saint-Médard ne reparut que le 27 août de la même année.

L'exercice des deux religions continua dès lors de se faire à Thouars, sans trop de dommages pour l'un quelconque des partis. Malheureusement, la ville subissait à chaque instant des passages de troupes, tantôt protestantes, tantôt catholiques, et, si le Château et la Collégiale n'avaient rien à redouter de ce fait, par respect envers la vertueuse Jeanne de Montmorency, qui l'occupait seule, la fureur de la soldatesque se porta tout entière sur Saint-Médard et sur Saint-Laon. C'est même assurément de cette époque (1565-1570) que datent les mutilations de la façade de Saint-Médard. Cependant, détail curieux, les boucheries de la Saint-Barthélemy n'eurent à Thouars aucune conséquence grave (24 août 1572); elles eurent, au contraire, ce résultat : chasser momentanément de notre ville la plupart des huguenots, soit vers l'Allemagne, soit vers l'Angleterre.

Claude de la Trémoïlle, fils de Louis III, protestant avéré, malgré quelques rares complaisances pour les catholiques, fit tant et si bien, avec ses gouverneurs de Montatcyre et de la Norraye, que par lettres données à Tours (mai 1589), le roi Henri III enjoignit au duc et à ses compagnons « de laisser vivre les chanoines et le chapitre en l'exercice libre du service divin[1] ». Nonobstant les sévérités de ces ordres, le chapitre, qui s'était établi à Montreuil-Bellay, ne put se réinstaller dans l'église Saint-Médard que vers les derniers jours du mois de décembre, obligés, par surcroît, d'offrir l'hospitalité aux chanoines du Château, soudainement chassés de leur chapelle, jusqu'en 1591.

1. Dom Fonteneau, t. XXVI, p. 701.

Fiers de l'appui du duc Claude, les huguenots s'applaudissaient à Thouars de leur triomphe, malgré les quelques désagréments qui leur vinrent du rapprochement opéré en 1594 entre le pape et le roi. Ils eurent là sept ans d'omnipotence absolue.

Mais, en 1598, nos protestants furent bien obligés de déchanter. *L'Edit de Nantes* ramena les ecclésiastiques tant haïs et opposa au sectarisme des réformés la liberté des religions et des cultes. Vite, les troubles cessèrent, et c'est alors que vinrent s'installer à Thouars différents ordres religieux, les « Capucins », les « Ursulines », les filles de l' « Ordre de Saint-Thomas-de-Villeneuve » et les « Clairettes ». Chacun rentra dans sa chapelle, dans sa collégiale, chacun retrouva son autel, et l'église Saint-Médard connut enfin la paix et le repos[1].

Un accident tout matériel marqua cette année 1598. Le 31 décembre, un orage épouvantable s'éleva : *Il étoit advys que le ciel et la terre se vouloins assembler*[2]. Le vent, la pluie, la grêle faisaient rage; tout à coup, dominant même la voix sourde du tonnerre, un bruit sinistre ameute les habitants de la place Saint-Médard; on s'inquiétait, on s'avançait, et l'on s'aperçut alors que la cloche de l'horloge avait été arrachée par la fureur de l'ouragan et lancée à terre d'une volée. Les éléments s'étaient plu à joindre leur malice à celle des dissidents.

∴

1. Plus tard, le 15 mai 1642, Henry de la Trémoïlle autorisa les protestants à construire un nouveau temple, auprès de la place Saint-Pierre, où ils avaient déjà leur cimetière, les catholiques de Saint-Médard se plaignant de la proximité de celui situé entre leur église et le couvent des Cordeliers. Le temple protestant thouarsais avait été d'abord installé, comme on sait, sous les halles, puis dans une maison voisine dite *la Frairie*.

2. *Registres* de la paroisse Saint-Laon.

IV.

COMPÉTITIONS. — L'AFFAIRE BOUIN. — ARBITRAGE DE PRÉSÉANCE ENTRE LES CLERGÉS DE SAINT-MÉDARD ET DE SAINT-LAON. — PIERRE PÉDARD.

L'année 1635 fut marquée, à Saint-Médard de Thouars, par ce que l'on pourrait appeler une querelle de clocher. Le curé, à cette époque, était l'abbé Pierre Brion. Or, vers les derniers jours du mois de septembre, l'abbé Brion apprit indirectement que le nommé Bouin, l'un de ses « prêtres-compagnons[1] », le quittait pour remplir, — moyennant 150 livres tournois par an et le logement, — auprès de l'abbesse de Saint-Jean-de-Bonneval, les fonctions d'aumônier, et qu'il avait même fait enlever son confessionnal de Saint-Médard pour le transporter à sa nouvelle résidence, — tout cela sans prévenir son curé. Naturellement, celui-ci s'offensa du procédé et fit assigner le « compagnon ». Sans se troubler aucunement, Bouin déclara qu'il avait traité avec l'abbesse et qu'il ne restait plus à l'abbé Brion qu'à lui désigner un successeur à Saint-Médard. Quoique pas content, le curé dut en passer par les volontés du nouvel aumônier, qui put, dès lors, exercer en toute propriété ses fonctions auprès des reliques de Saint-Jean. Voici, du reste, à titre documentaire, quelques extraits de l'acte passé par-devant Mes Fonfrège et Ragot, notaires à Thouars, entre « Révérende dame sœur Louise de Chastillon, humble abbesse de l'abbaye Saint-Jean-de-Bonneval-lès-Thouars, et vénéré Pierre Bouin, prestre » :

« ... C'est à savoir que led. Bouin a promis et s'est « obligé par ces présentes... 1° d'estre et servir à Mad.

1. Autrement dit « chapelains ».

« révérende dame abbesse, à toutes ses religieuses, ...à « les confesser à jours et heures ordinaires qu'il y a « confession par chascune semaine; ...de plus, de dire par « chascune sepmaine de l'année, trois messes de primes, « que mad. dame a accoustumé faire dire; ...de faire le « service de diacre tous les jours de dimanches et festes « de l'année; ...de faire ce qui sera requis et nécessaire, « selon le commandement de Mad. dame, pour parer et or- « ner les autels qui sont dans lad. église et sacristie; ...et « oultre a promis de rendre, tenir et administrer les « sainctz sacrementz, assistance aux malades, funérailles « et enterrements; ...et pour plus facilement satisfaire à « ce que dessus, led. Bouin a promis ne prendre aucun « autre bénéfice ni forme à faire qui l'empesche ni diver- « tisse en aucune façon à faire lesd. fonctions et charges « cy-dessus de tous points; et moyennant que mad. dame « abbesse a promis de bailler et payer aud. Bouin, par « chacun des jours et festes de saint Michel et Nostre « [-Dame] la somme de 150 livres tournois...

« Faict et passé en lad. abbaye, au parloir de mad. « dame, après midy, le 26e jour de septembre 1635[1] ».

Avec nos idées modernes et l'ascendant toujours croissant de la « hiérarchie », nous sommes immédiatement portés à juger sévèrement de tels actes d'insubordination. Aussi bien, est-ce à tort. Car, si l'on se reporte aux mœurs de l'époque, on juge vite que le cas du chapelain de Saint-Médard devait sembler fort naturel aux thouarsais du dix-septième siècle, habitués à voir tous les jours des capitaines changer de camp ou des religieux de culte. L'argent et le bien-être matériel primaient alors les autres sentiments et, la plupart du temps, subordonnaient à eux les scrupules, l'esprit de « corps » n'existant encore que chez les ouvriers.

1. Original en l'étude de Me Vazon, notaire à Thouars.

Du reste, fréquentes étaient alors les compétitions et les querelles entre les membres du clergé. Et nous allons voir se renouveler des luttes de préséances à peu près semblables à celles que nous avons déjà mentionnées pour l'année 1471.

Bien que les arrêtés du 31 mai 1435 et du 8 mai 1455 eussent eu la prétention de régler le différend, des rivalités se produisirent encore lorsqu'il s'agit d'interpréter le dernier compromis du 20 mai 1660, établi par M. de la Roche-Guyon, grand-vicaire à Poitiers, confirmée par arrêt du Parlement, et d'après lequel la préséance était accordée à l'abbé de Saint-Laon. Cependant, pour cette fois, le désaccord eut une solution pacifique et à l'amiable. L'abbé de Saint-Laon présida la cérémonie du jubilé. Ce fut seulement par la suite que les difficultés sérieuses naquirent; mais à un tel point qu'il fallut constituer des arbitres, trois missionnaires nommés *Vincent Demeur*, docteur en Sorbonne, *Samson de la Planche*, docteur de la même Faculté, et *Estienne Picault de Villeroy*, licencié en droit. Nous donnons ici les extrait les plus intéressants de leur sentence (20 novembre 1664) :

« Est accordé que, le jour de la feste du très saint « Sacrement et le jour de l'octave, dans l'année alterna- « tifve de Messieurs les prieur et religieux de Saint- « Laon, tous les corps se rendront dans leur église de « Saint-Laon, pour lever le très saint Sacrement, et « qu'après qu'il aura esté porté processionnellement par « la ville dans les lieux accoutumés, on le rendra à Saint- « Laon, où la prédication se fera à l'ordinaire; puis en- « suite le tres saint Sacrement sera pris par M. le curé « de Saint-Médard aussy à son ordinaire, quy le portera « jusques dans son église, accompagné de tous les corps, « où estans celuy de Messieurs de Saint-Laon quy aura « porté le tres saint Sacrement célébrera la grande messe « et fera la closture de la procession par la bénédiction

« du tres saint Sacrement, et tous les corps se retireront « dedans leurs églises.

« Dans l'année d'alternatifve de Messieurs de Saint- « Pierre, tous les corps se rendront dans leur église « pour y lever le très saint Sacrement, quy sera porté « par lesdits sieurs dans les lieux accoutumés pour se « randre en l'église de Saint-Laon, où la prédication se « doibt toujours faire; et après icelle le tres saint Sacre- « ment sera pris et porté comme dit est dans l'article « précédant par Mr de Saint-Médard et sera la grande « messe dite dans l'église de Saint-Médard par celluy de « MM. de Saint-Pierre qui aura porté le tres saint Sacre- « ment, et fera la closture, et on se retirera comme dit « est.

. . . .

« Est accordé que, lors des processions ordinaires, l'as- « semblée du clergé se fera toujours dans l'église de « Saint-Médard, comme en lieu accoustumé et le plus « commode pour là estre commancé, et finiront les dites « processions au lieu où la grande messe aura esté célé- « brée par la communaulté qui sera en alternatifve. Et « lesdites processions seront faites dans les lieux accou- « tumez et les messes célébrées par ceux quy les doib- « vent, soit curez ou autres, ainsi qu'ils l'ont accoutumé « de les dire.

. . . .

« Les processions des Rogations seront faittes par tout « le clergé aux lieux accoustumés, et seront aussy com- « mancées à Saint-Médard, et censées finyes au lieu où « sera célébrée la grande messe, comme a esté dit cy- « dessus.

« S'il arrive qu'il faille faire quelques harangues, « comme au roy, à touste la maison royalle, et seigneurs « du lieu, et pour tout dire, lorsqu'il se fera quelque « cérémonye qu'y demande l'assemblée du clergé, ce sera

« a celluy des corps quy est en alternatifve cette année,
« fors lors de la venue de Mgr l'évesque de Poitiers que
« cette céremonye réservée a M. le doyen comme archi-
« prestre.

« S'il arrive qu'il faille faire des processions généralles, comme la nécessité des temps le peult permettre et désirer, et que en icelle il soit trouvé à propos de porter quelques insignes reliques, comme la vraye croix, les châsses des saincts quy sont es églises particulières, ou quelques translations de reliques, la cérémonye sera faite par celluy quy est en alternatifve cette année; et l'assemblée du clergé se fera, en ce cas, au lieu où repose la sainte relique qui doit estre portée en procession, et la grande messe célébrée à Saint-Médard. Tous reconduiront processionnellement ladite relique dans son santuaire[1]. »

Ce texte archaïque semble, à première vue, un tantinet confus. Mais l'éclaircissement se fait avec facilité à la seconde lecture et les conclusions principales des arbitres se montrent alors nettement établies : c'est d'abord la *préséance du doyen de Saint-Laon* au cours des processions de la Fête-Dieu, quelle que soit celle des paroisses en alternative; c'est ensuite le *privilège octroyé au curé de Saint-Médard* d'aller, après chaque cérémonie, « prendre » le Saint-Sacrement à l'église où il se trouve et à le garder en la sienne; et c'est enfin la *préséance accordée au curé de Saint-Médard* pour les processions des Rogations.

Il est à remarquer, à ce sujet, que cette sorte de concordat complète en l'abrogeant celui de 1535, et, qu'en outre, si la première de ses clauses est aujourd'hui et depuis longtemps inversée, les deux autres continuent

1. *Cart. de l'abbaye de Saint-Laon*, pp. 171 et suiv., CCLXXVI. — A cette époque, le curé de Saint-Médard était l'abbé *François Poing*.

de présider au protocole des deux paroisses de Saint-Laon — et ne laissent pas d'être aussi précieuses que les meilleurs titres de noblesse.

Qu'on nous permette, en terminant, de noter ici une date qui est, dans l'histoire de la cité, d'une importance considérable.

Les registres de Saint-Médard fournissent, en effet, au 30 octobre 1675, l'acte de sépulture de *Nicolas Pedard*, marchand libraire, profession qui n'allait jamais à cette époque sans être accompagnée de celle d'imprimeur, ce qui semble établir que, dès le milieu du dix-septième siècle, il existait à Thouars des presses d'imprimerie, — chose d'une rareté extrême en petite ville.

Pierre Pedard, fils de Nicolas, succéda à son père et paraît même avoir accru l'importance de la maison. On a retrouvé de lui, notamment, une *Syntaxe* à l'usage des collèges de la Compagnie de Jésus.

De son atelier, également, sortit une plaquette imprimée en 1683 et dont voici le titre :

ORAISON FUNÈBRE | DE | MARIE-THERESE | REYNE DE FRANCE, | PRONONCÉE DANS L'EGLISE DE SAINT-MEDARD DE THOUARS | LE TRENTIÈME AOVST MIL SIX CENS QVATRE-VINGT-TROIS, | PAR Mre JACQVES PORCHERON, CURE DE SAINT-PIERRE-A-CHAMP.

A Thoüars, par Pierre Pedard, imprimeur et marchand-libraire, dans la rue Neuve.

Cette brochure, in-4° de 39 pages, dont une pour l'*errata*, — en outre qu'elle nous indique une cérémonie à l'église Saint-Médard, — est le plus vieux document connu de l'imprimerie à Thouars. Et quoiqu'il soit présumable que Nicolas Pedard ait fait œuvre d'imprimeur, il n'en est pas moins niable que cette oraison ne laisse aucun doute sur le métier de son fils Pierre[1].

1. La paroisse Saint-Médard eut l'honneur d'avoir en son enceinte

V.

BÉNÉDICTION D'UNE NOUVELLE CLOCHE.

Tout passe et, surtout, tout casse. En 1677, il arriva — à la suite de quel accident, on l'ignore — que la grosse cloche de Saint-Médard dut être remplacée. Et le 21 février, dans la plus stricte intimité, eut lieu la cérémonie de la bénédiction de la nouvelle.

Voici, du reste, le procès-verbal dressé à cette occasion par le curé lui-même :

« Aujourd'huy vingt et unième du moys de février mil « six cent soixante et dix sept, jour de dimanche, en l'is- « sue des vespres dittes en l'église de céans, le clergé de « la ditte église et le peuple assemblé à l'heure et ma- « nière accoutumées, nous, Pierre Boulliaud, prêtre, « bachelier en théologie, curé de la ditte église de céans, « par vertu du pouvoir spécial de Mgr Illme et Rme Eves- « que de Poitiers, par acte donné en son palais épiscopal « au dict Poitiers le septiesme décembre mil six cent « soixante et seize, signé Gilbert de Clérambault, eves- « que de Poitiers, avons fait la bénédiction solennelle de « la grosse cloche de nostre eglise de céans, conformé- « ment au cérémonial romain, laquelle a été nouvelle-

toutes les imprimeries qui se succédèrent à Thouars, — sauf une : l'*Imprimerie nouvelle*, dépendant de Saint-Laon, — et dont les propriétaires furent :

1° Nicolas Pedard (mort en 1675).
2° Pierre Pedard (1675-1720).
3° Cochon de Chambonault (1720-1725).
4° Veuve de Chambonault (1725-1729).
5° Félix de Gouy (1729-1779).
6° A. Couronce (1871-1878).
7° H.-A. Deschamps (1878-1886).
8° L. Picard (1886-1887).
9. Société anonyme de l'*Imprimerie Thouarsaise* (créée en 1897).

« ment faitte et nomée par le général[1] des habitants de la « ditte paroisse de céans du nom de *Sain-Médard*, très « saint et très illustre patron de notre église et pa- « roisse. »

Signé :

Pierre BOULLIAUD, *curé de Saint-Médard.*
REBILLÉ, *prêtre.*
HUDEBAULT, *prêtre.*
BLUTTEAU, *prêtre.*
DAVID, *prêtre.*
PATIN, *prêtre.*
Guillaume BOULLIAUD, *prêtre.*
Louis NORMANDEAU, *vicaire.*

Touchante et simple coutume qui voulait alors que tous les habitants d'une paroisse fussent ensemble parrains ou marraines des cloches de leur église!

VI.

BÉNÉDICTION DE LA CHAPELLE DES RELIGIEUSES DE SAINTE-CLAIRE.

La chapelle qu'avaient fait édifier en leur couvent les religieuses de Sainte-Claire, vulgairement appelées *Clairettes*, venait d'être achevée dans les premiers mois de l'année 1703. La bénédiction s'imposait : on la fixa au dimanche 2 septembre, — et ce fut, ce jour-là, grande fête à l'église Saint-Médard, le monastère se trouvant sur les dépendances de la paroisse.

L'abbé de Villeroy, grand-vicaire de l'évêque de Poitiers, venu en carrosse de l'abbaye de Saint-Jean-de-Bonneval — où il avait couché — à la grande porte de Saint-Médard, fut reçu solennellement, vers huit heures du

1. Equivaut à *la majorité.*

matin, par le curé, Guillaume Boulliaud, entouré du clergé thouarsais au complet, tant séculier que régulier. Il officia pontificalement, en présence d'une foule considérable, et prêcha ensuite longuement. Puis, le dais lui ayant été présenté, porté par quatre officiers du duché, on se rendit en procession à la nouvelle chapelle, qu'il bénit solennellement et où il célébra la première messe. L'affluence du peuple était inouïe; toutes les corporations arboraient leurs bannières, ainsi que les paroisses. Et tout le clergé des environs s'était joint à celui de la ville.

Les réjouissances publiques et religieuses se prolongèrent, du reste, pendant toute la semaine, c'est-à-dire pendant le séjour à Thouars du grand-vicaire, qui, sur la prière du duc de la Trémoïlle, logea au château jusqu'au dimanche suivant. Le curé de Saint-Médard l'y allait chercher chaque matin pour le conduire à son église, où l'abbé officiait, donnant la communion aux pauvres et aux malades, cérémonies qui cessèrent le 9 septembre, jour de départ du grand-vicaire pour Montreuil-Bellay et les autres paroisses de sa tournée.

VI.

DÉBUT MALHEUREUX DU DIX-HUITIÈME SIÈCLE. LE GÉNÉRAL DES CAPUCINS.

Les premières années du dix-huitième siècle — qui devait être celui de tant de bouleversements politiques — furent particulièrement fatales à la ville de Thouars et surtout à la paroisse de Saint-Médard.

Les registres de cette paroisse, en effet, mentionnent en ces termes les dommages causés aux récoltes par les chaleurs accablantes et vraiment extraordinaires de juillet 1708, suivies des froids de janvier et février 1709 :

« Les campagnes étaient couvertes d'oiseaux morts par

« la rigueur du froid. Il ne se recueillit ni blé, ni vin, ni « fruits. Celuy qui, les années précédentes, avait six-« vingt pipes de vin, et plus, n'en eut que neuf. Mais ce « qu'il y a de surprenant est que le peu de blé qui se « recueillit, au moins de seigle, était d'une si méchante « qualité que ceux qui n'en moururent pas, après en « avoir mangé, la plupart en furent tellement incommo-« dés que les jambes tombèrent à plusieurs. »

Est-ce la conséquence d'une telle misère, ou bien est-ce une fatalité semblable à celle qui s'était abattue sur le Loudunais au seizième siècle? nul ne saurait l'apprécier. Toujours est-il qu'en 1710 une épidémie de peste bien caractérisée sévit à Thouars et que, seule, la paroisse Saint-Médard perdit en peu de temps cent quatre-vingts habitants. Il paraît même que l'on arbora, pendant tout le cours de la contagion, un drap mortuaire au clocher de Saint-Médard pour éloigner les étrangers de la cité contaminée.

Durant six semaines de cette année 1711, des orages terribles, des trombes et des tremblements de terre ne cessèrent de se succéder. Et les registres de l'église Saint-Médard attestent que l'édifice eut à souffrir sérieusement de ces continuelles intempéries, C'est, du reste, en ce même temps que se produisit la chute du clocher de Saint-Laon.

Après avoir été de la sorte à la peine, il paraissait de toute justice que Thouars fût aux honneurs. C'est probablement pourquoi, le 19 septembre 1714, le P. Michel-Ange de Raguse, général des PP. Capucins, fit son entrée dans la ville par la porte Chavanes! Monté sur une mule noire, suivi processionnellement de dix religieux de son ordre, ainsi que d'une mule blanche portant les accessoires, il fut reçu avec la plus grande solennité par Guillaume Boulliaud, curé de Saint-Médard, lequel lui tint un discours en latin que nous soupçonnons être fort beau, mais que le temps ne nous a malheureusement pas conservé. Après quoi, en l'honneur du bon Père, arrivèrent au couvent quantité de bouteilles du meilleur vin, que le maire de Thouars, Henri Berthre, avait cru devoir offrir à l'illustre voyageur, — sans remarquer, le digne homme, que l'on se trouvait à quatre temps et vigiles !

L'on ne peut penser à tout... n'est-il pas vrai ?

VII.

L'ÉGLISE SAINT-MÉDARD EN 1742, D'APRÈS DROÜYNEAU DE BRIE.

« Les trois paroisses de Thouars sont celles de Saint-« Laon, de Saint-Médard et de Notre-Dame. Celle de « Saint-Laon comprend environ le tiers de la ville, celle « de Saint-Médard la moitié et celle de Notre-Dame un « sixième. L'église Saint-Médard est la plus grande de « toutes et est au milieu de la ville. C'est ce qui fait que « le clergé s'y assemble dans toutes les processions et « cérémonies publiques. C'est aussi la raison pour la-« quelle la chaire du prédicateur de la ville y est établie, « tant pour l'Avent et Carême que pour la Dominicale. « La cure y peut valoir 800 livres, dont la majeure partie « est le casuel. Elle est à la nomination de l'abbesse de « Saint-Jean. Les chapelains ou compagnons de cette « église sont au nombre de six, dont les places sont à « la nomination des marguilliers. Elles peuvent valoir « 150 livres... »

Telle est la façon dont parle de Saint-Médard Droüyneau de Brie, dans ses *Mémoires manuscrits*, c'est-à-dire en 1742.

Ces aperçus confirment, on le voit, ce que nous avons précédemment exposé. Seul, le chiffre de 800 livres. donné là par Droüyneau, pourrait paraître erroné, nous voulons dire inférieur. Et pourtant, à considérer l'époque, il doit être juste, quoique bien faible.

On sait, en effet, qu'en dehors du *casuel*, le clergé séculier avait encore droit à prélever l'impôt de la *dîme*, et que, pour les curés non placés à la *portion congrue*, ce revenu s'élevait parfois à de très fortes sommes. Mais ce que l'on sait moins, c'est que, la plupart du temps, la perception de la dîme — laquelle se devait payer en nature — mettait le curé aux prises avec ses paroissiens pour les plus infimes redevances, un sac de farine ou un couple de poulets, et l'obligeait, suivant les paroles de Voltaire, « à consumer sa misérable vie en querelles perpétuelles ». A Thouars, il en était malheureusement de la sorte, et si le curé de Saint-Médard, comme celui de Plessis-Hébert, n'entendait pas le vent souffler partout en sa cure, du moins n'avait-il aucun revenu appréciable de la dîme et devait-il se contenter des pauvres 800 livres qu'avoue notre historien, perçues péniblement sur les paroissiens à l'occasion des baptêmes, mariages ou enterrements.

Les choses n'ont pas l'air, du reste, d'avoir beaucoup varié, car si la dîme disparue le casuel a augmenté, les conditions matérielles de l'existence se sont considérablement accrues. Et il ne nous semble pas, à la vérité, toutes proportions gardées, que la cure de Saint-Médard soit pécuniairement meilleure en 1901 qu'en 1742.

VIII.

1751. — OURAGANS ET TREMBLEMENTS DE TERRE.

Au mois de mars 1751, des ouragans et des tremblements de terre mirent de nouveau le pays thouarsais en émoi, et les personnes âgées les comparaient à ceux qui, quarante ans auparavant, avaient ravagé la contrée et causé tant de ruines dans la ville même.

Voici dans quels termes l'abbé Pignon des Côteaux, curé de Saint-Médard, signale ces faits à la fin du registre des baptêmes de l'année 1751 :

« La postérité ne désapprouvera pas que je marque un « événement aussi prodigieux qu'on en ait ouï parler... « Je dirai donc que la nuit du 14 au 15 du mois de mars « dernier, environ une heure après minuit, commença « une tempête ou ouragan qui continua quelques heures « avec une telle violence qu'on ne savait où aller, ni où « se mettre pour être en sûreté. Les toits de bien des « églises et autres édifices ont été enlevés, des murs ren- « versés. Les arbres les plus forts et des mieux enracinés « ont été arrachés, comme les noyers, les ormeaux, les « chênes, même dans les forêts, ce qui a fait et causera « pour longues années une très grande perte. Bien des « gens, dignes de foi, assurent que tout ceci ne s'est point « passé sans des tremblements de terre... »

Certainement, dans Thouars même, ce cyclone printanier, violent à l'extrême, dut commettre de nombreux et sérieux dégâts. Par bonheur, l'église Saint-Médard fut épargnée par les éléments déchaînés. La preuve en est dans le silence à cet égard de l'abbé des Côteaux, lequel n'eût pas manqué de mentionner la moindre atteinte au monument.

IX.

1773. — UNE VISITE ÉPISCOPALE A THOUARS.

Les tournées épiscopales étaient autrefois beaucoup plus rares que de nos jours. Aussi fut-ce un événement pour la ville de Thouars que la visite, au début du mois d'août 1773, de Mgr de Beaupoil de Saint-Aulaire, évêque de Poitiers depuis 1759.

Une lettre d'un habitant de Thouars aux *Affiches du Poitou*, relate ainsi cette cérémonie[1] :

« Notre ville, Monsieur, a joui il y a quelques jours « d'un spectacle bien intéressant : Mgr l'Évêque y a fait « sa visite pastorale. Il est juste de consigner dans vos « feuilles l'époque d'un événement qui a été une fête pu- « blique. Nous avons fait tout ce qui a dépendu de nous « pour lui témoigner la joie que nous a causée sa pré- « sence désirée depuis longtemps.

« M. le Doyen, M. le Lieutenant de maire et M. le Prin- « cipal du Collège, députés par le clergé et par la ville, se « rendirent à Oiron au-devant de cet auguste prélat et « l'accompagnèrent jusqu'à l'abbaye de Saint-Jean-de- « Bonneval. Le lendemain, un détachement de cinquante « hommes d'élite de la milice bourgeoise, ayant le major « à sa tête, fut le prendre à cette abbaye et lui servit d'es- « corte jusqu'à la porte du Pont-Neuf de cette ville, où « M. le Maire, qui l'attendait, le complimenta. Il trouva « auprès de ce pont tout le clergé séculier et régulier, « présidé par M. le Doyen, qui lui offrit le dais, qui fut « porté par quatre avocats. *Dans cet ordre, le prélat di- « rigea sa marche vers l'église Saint-Médard,* où il fut « harangué par M. le Doyen, et *où il donna ensuite la « confirmation.* Après cette cérémonie, il se rendit chez « M. le Doyen, qui eut l'honneur de lui donner à dîner à « une table de quarante couverts. Après le repas, tous « les corps vinrent lui rendre leurs hommages, qu'il « reçut avec une bonté honnête et modeste qui enchanta « tous les cœurs. Il avait répondu de même aux haran- « gues de M. le Doyen et de M. le Maire.

« Le lendemain, il donna la confirmation dans l'église « Saint-Laon. Là, trente pensionnaires du Collège, en

1. Cf. également la *Revue poitevine et saumuroise*, avril 1902, p. 165.

« uniforme et sous les armes, vinrent le complimenter.
« M. le chevalier de la Rivière, qui les commandait, porta
« la parole. Ils en reçurent une réponse également flat-
« teuse. La propreté, l'air leste et joyeux de cette jeune
« troupe, intéressa beaucoup Mgr l'Evêque, qui permit
« qu'elle défilât devant lui et qu'ensuite elle l'accompa-
« gnât avec son cortège et les chefs de tous les corps,
« lorsqu'il se rendit à l'hôtel de ville, où il dina. Il y
« eut au dessert plusieurs décharges d'artillerie et de
« mousqueterie, ainsi qu'il y en avait eu la veille, au mo-
« ment de son entrée dans la ville, annoncée par le son
« de toutes les cloches. L'après-midi, le prélat vint au
« Collège, où il voulut bien assister à un exercice public
« qui fut donné par les écoliers... Mgr l'Evêque soupa au
« Collège et, à dix heures, il y eut dans la cour un feu
« d'artifice, ingénieusement imaginé, formant des colon-
« nes, un arc de triomphe et autres ornements.

« Enfin, Monsieur, j'ai eu raison de dire que le séjour
« de Mgr l'Evêque dans cette ville a été une fête publique.
« L'affluence autour de lui a été prodigieuse partout ; la
« joie qui régnait dans tous les cœurs était peinte sur
« tous les visages. »

De toute évidence, la munificence de telles solennités tient à leur rareté au dix-huitième siècle.

Toutefois, on se prend à les regretter et à soupirer vers les temps passés, devant le peu d'apparat et le manque de somptuosité des réceptions épiscopales actuelles... Triste époque, pauvre siècle qui restent insensibles devant l'idéal divin !... Et l'on se demande avec peine si jamais elles reviendront, les jolies fêtes religieuses d'antan !...

X.

DEUX BREFS D'INDULGENCES PLÉNIÈRES ET UNE SUPPLIQUE.

Extraits des registres de la paroisse Saint-Médard, 1780.

1° Copie translatée d'un Bref d'indulgences accordé et envoyé de Rome à la Mère supérieure générale de la Congrégation de *Saint-Thomas-de-Villeneuve* pour tous les fidèles.

Supplique adressée au Saint-Père :

« Très Saint-Père,

« Jeanne-Suzanne Ruellan de la Villebernaux, supé-
« rieure générale des Filles dites de Saint-Thomas-de-Vil-
« leneuve, expose très humblement à Votre Sainteté
« qu'elles désirent, avec l'agrément de Nos Seigneurs les
« Evêques des lieux, faire exposer à la vénération publi-
« que, dans toutes les églises de sa Congrégation, l'image
« du Sacré-Cœur de Jésus. Votre Sainteté est suppliée, en
« conséquence, de vouloir bien accorder à tous les fidèles
« chrétiens qui, vraiment contrits de leurs péchés, les
« ayant confessés, ayant communié, visiteront lesdites
« églises et y prieront, suivant les intentions de Votre
« Sainteté, tous les premiers vendredis du mois, et le
« vendredi après l'octave du Saint-Sacrement, une indul-
« gence pleinière, laquelle pourra être appliquée, par
« forme de suffrage, aux âmes des fidèles défunts. Et de
« plus une indulgence de cent jours que pourront gagner,
« une fois chaque jour, tous ceux qui visiteront ladite
« image et y prieront comme il est dit ci-dessus. »

Réponse du Saint-Père :

« A l'audience du Très Saint-Père Pie VI, 21 août 1780,
« le Très Saint-Père accorde la grâce dans tous ses points,
« comme elle est demandée.

« *Signé* : J. B. Card. REZZONICO. »

2° Bref d'indulgence accordé pour Celles qui composent la congrégation de *Saint-Thomas-de-Villeneuve.*

Supplique adressée au Saint-Père :

« TRÈS SAINT-PÈRE,

« Jeanne-Suzanne Ruellau de Villebernaux, supérieure
« générale des Filles dites de Saint-Thomas-de-Ville-
« neuve, supplie très humblement Votre Sainteté de vou-
« loir bien, tant à elle qu'à toutes les autres personnes
« engagées dans cette Congrégation, et à celles qui vivent
« maintenant et vivront dans la suite dans cette maison,
« accorder la facilité de gagner deux fois le mois une
« indulgence pleinière applicable même aux âmes des
« fidèles défunts, savoir les jours où, après s'être confes-
« sés et avoir reçu la sainte communion, elles auront
« visité la chapelle ou église des dites maisons et prié sui-
« vant l'intention de Votre Sainteté pour la prospérité de
« notre mère la Sainte Eglise ou, en cas d'infirmités ou
« autres empêchements, remplacé la visite des dits lieux
« par des prières qu'aura prescrites le confesseur. »

Réponse du Saint-Père :

« A l'audience du Très Saint-Père Pie VI, du 21 août
« 1780, le Très Saint-Père veut bien accorder l'indulgence
« telle qu'elle est demandée.

« *Signé* : J.-B. Card. REZZONICO. »

A la suite de ces deux Brefs, les supérieurs de l'Hôtel-Dieu et de l'aumônerie de Saint-Michel adressèrent une supplique à Mgr l'Evêque de Poitiers, à la suite de laquelle celui-ci, en date du 20 janvier 1781, arrêta ce qui suit :

« ...! Avons permis que la bénédiction du Très Saint-
« Sacrement soit donnée dans les chapelles des dites mai-
« sons, le matin à huit heures et le soir à quatre, tous les
« premiers vendredis de chaque mois de l'année, et le
« vendredi lendemain de l'octave du Très Saint-Sacre-
« ment, et que ce même vendredi on chantera dans la
« chapelle de l'aumônerie de Saint-Michel la messe et les
« vêpres de Réparation... et que ce jour le Très Saint-
« Sacrement y sera exposé le matin et le soir.

« Fait à Loudun, le 20 janvier 1781.

« *Signé :* L'abbé DE BUSSY, vic. gén. »

Rappelons aussi, à ce sujet, que le curé de Saint-Médard, alors l'abbé Pierre Quetin, faisait partie du bureau d'administration de l'aumônerie de Saint-Michel de la ville de Thouars, en vertu de lettres patentes (1776) enlevant aux prieurs la régence de l'hospice, dont ils usurpaient depuis cinquante ans les revenus et bénéfices, et affectant uniquement la maison au logement des enfants et des malades[1].

XI.

SUPPLICES EN PLACE SAINT-MÉDARD.

Nul n'ignore que sous l'ancien régime toutes les horreurs que comportaient les supplices en usage, du fouet à la décapitation, se passaient en plein jour, sur la place publique, devant une populace plus cruelle souvent que le législateur.

1. Archives de l'hôpital de Thouars.

Thouars, en conséquence de deux arrêts successifs du Parlement de Paris, certains jours eut le triste privilège de jouir d'un tel spectacle. Et si nous en parlons ici, c'est que la place Saint-Médard fut choisie comme lieu d'expiation.

C'est ainsi qu'en 1782 le bourreau mutila le poignet à une femme nommée *Jacquette Demeurant*, accusée d'avoir empoisonné son mari. La victime fut ensuite brûlée vive — toujours en place Saint-Médard.

En 1784, après un vol de bijouterie commis dans un magasin de la rue Saint-Médard (à ce moment la rue des Orfèvres), les nommés *Piault, Philipponnet* et *Méneroux* avaient été détenus dans l'une des tours de la Porte-aux-Prévôts, laquelle servait alors communément de prison. Une certaine nuit de décembre, les trois malandrins assassinèrent leur geolier et sa femme. Seul, cependant, Piault réussit à s'échapper par une fenêtre. Les deux autres criminels se firent « prendre » avant que d'avoir eu le temps de fuir... Et c'est à la suite de ce meurtre que Philipponnet et Méneroux furent condamnés à être roués vifs.

Le supplice eut lieu devant le porche de l'église Saint-Médard. Le bourreau étendit les membres de chacun des patients sur les quatre bras d'une croix de saint André. Puis, avec une barre de fer, il leur brisa les os des avant-bras, des jambes, des cuisses et des reins. Après quoi les « rompus » furent exposés, jusqu'à putréfaction, sur une roue de charrette, à la Croix-des-Piliers (route de Poitiers).

XII.

PÉRIODE RÉVOLUTIONNAIRE.

Thouars, dès le début, adopta les idées révolutionnaires qui trouvaient dans le Bocage tant d'adversaires militants et résolus.

A première vue, et étant données ces aspirations libérales des thouarsais, il semblerait donc que les églises, et en particulier celle qui nous occupe, aient eu à pâtir considérablement des exactions républicaines.

Il n'en est heureusement rien. Dans son *Histoire de Thouars,* Berthre de Bourniseaux prétend bien que « pendant la Révolution, l'église de Saint-Médard, abandonnée, a beaucoup souffert » et qu'elle « a longtemps servi de magasin et de fenil[1] », mais ce ne sont là qu'affirmations sans preuves. Certes, à maintes reprises, la soldatesque a dû envahir le temple de Dieu, y loger, s'y établir victorieusement. Toutefois, les autels et les objets sacrés furent chaque fois respectés, et jamais l'église ne fut transformée en fenil, pas plus qu'elle ne fut fermée un seul jour au culte.

Du reste, il y avait à cela une raison que l'on ne saurait nier : c'est que, dès 1790, l'abbé Goirand, curé de Saint-Médard en 1791, figurait dans les procès-verbaux de formation du corps administratif du district de Bressuire, et remplissait à la même époque les fonctions de « vénérable » de la loge franc-maçonnique de Thouars[2].

Le nouveau curé avait, en outre, prêté le serment schismatique exigé par la loi du 17 avril 1791, toutes choses bien faites, assurément, pour éviter au clergé de Saint-Médard les vexations et les outrages dont un grand nombre de prêtres vendéens étaient alors victimes, notamment ceux de Noirlieu, de la Chapelle-Gaudin et de Noirterre, massacrés au mois de mars 1793 au moment de leur transport à l'île de Ré[3]. M. Goirand dut sans doute

1. Page 78.
2. Ce fait est constaté par le titre même de l'oraison funèbre du personnage : *Eloge funèbre du T.·. R.·. F.·. Abel-Antoine Goirand, ex-V.·. de la R.·. L.·. de* l'Etroite Union *à l'O.·. de Thouars, archiprêtre du diocèse de Poitiers et prieur-curé de la paroisse de Saint-Médard;* s. d. in-8°, par J. Mouchet.
3. Guillon, *Les Martyrs de la foi,* t. II, p. 178.

à cette faiblesse et à son titre de Vénérable de la Loge de Thouars l'honneur de joindre à son titre de curé-prieur de Saint-Laon celui d'archiprêtre de Thouars.

D'après la tradition orale vivant encore chez quelques vieux Thouarsais heureusement doués, le prieur de Saint-Laon, malgré ses idées et ses attaches républicaines, malgré son oubli coupable des engagements les plus sacrés, n'échappa pourtant point aux violences des sectaires qui exploitaient la France à cette triste époque. Accusé de modérantisme, il fut chargé de chaînes, et on rapporte cette parole du serrurier occupé à lui mettre les fers aux pieds : « Tu cries, prieur, tais-toi, nous savons bien que ce ne sont pas là des bas de soie ! »

Pour en finir avec l'abbé Goirand, nous devons dire encore qu'il se rétracta et fit amende honorable au moment du Concordat, puisque nous le retrouvons en 1803 curé de Saint-Laon et qu'en 1804 il fut installé définitivement curé de Saint-Médard et archiprêtre de Thouars. Il mourut en 1809, n'ayant laissé dans la mémoire de ses concitoyens d'autre souvenir que celui d'un apostat et d'un lâche. Détail typique, il conserva jusqu'à la fin l'habitude de signer les actes paroissiaux comme les francs-maçons les leurs, c'est-à-dire avec trois points en forme d'équerre.

Disons, enfin, qu'au commencement de la Révolution, en 1789, le curé de Saint-Médard était l'abbé Quétin, installé en 1755. Celui-ci est-il mort en 1791, ou son état maladif l'obligea-t-il à remettre à ses deux vicaires l'administration de la paroisse? nous l'ignorons. Les registres de Saint-Médard, déposés aux archives communales de Thouars, donnent les noms de ces deux jeunes et courageux collaborateurs : M. l'abbé d'Orléans, qui fut guillotiné à Saumur, et M. l'abbé Boussi, qui, après avoir émigré en Angleterre, vint reprendre son poste de vicaire de

Saint-Médard en 1801 et fut nommé curé de Saint-Laon en 1804.

Le zèle de nos concitoyens et de leurs prêtres était d'ailleurs tant admiré en haut lieu qu'en 1792, après la fuite en Suisse de l'évêque de Poitiers, l'évêque constitutionnel des Deux-Sèvres, Joseph-Jean Mescadier, élu à Niort le 28 novembre 1790, crut devoir visiter d'aussi libérales ouailles... Le 6 mars, le nouveau Monseigneur fit son entrée dans la ville et complimenta tous les représentants et fonctionnaires conventionnels. On tira le canon en son honneur, si fort qu'il fallut ensuite payer 6 livres au canonnier Camus pour une telle orgie de poudre.

La même année, à la fin du mois d'août, la place Saint-Médard fut encore choisie pour l'accomplissement d'un acte de justice, mais cette fois de la part des *bleus*. A la bataille de Bressuire, le 24 août, le procureur-syndic Trotouin, de Thouars, avait déserté devant l'ennemi, alors que ses camarades tombaient en foule autour de lui. Le lâche fut obligé de faire amende honorable, en face le portail de l'église Saint-Médard, devant la garde nationale assemblée et presque tous les habitants accourus. Trotouin se vengea le lendemain en passant dans l'armée vendéenne, où il devint le major général de Stofflet.

Assurément, ce sont là des événements que nous ne pouvions passer sous silence, mais qui n'ont aussi qu'un rapport de circonstance avec les dégâts qu'aurait pu subir l'église Saint-Médard sous la Révolution. Aussi bien, ces dégâts, les seuls dont il reste encore des traces et qu'enregistre la chronique, sont-ils imputables à une seule journée, celle du 5 mai 1793, c'est-à-dire de la prise de Thouars par La Rochejaquelein. Et l'on voit encore sur les murs de l'édifice des multitudes de trous provenant des balles vendéennes.

Par ce rapide exposé, le lecteur peut juger combien paradoxale était l'assertion précitée de Berthre de Bourniseaux. La vérité est que Saint-Médard fut respectée autant que peut l'être une église en temps d'émeute et de révolution. Et les « importantes réparations » dont parle notre historien ne durent certes pas obérer jusqu'à la ruine le budget paroissial du successeur de l'abbé Goirand.

XIII.

LE TITRE D'ARCHIPRÊTRE.

Autrefois, le doyen du chapitre de Saint-Pierre de Thouars jouissait de prérogatives nombreuses. Il était considéré comme un des barons du vicomte et, avant l'établissement des notaires, son sceau donnait de l'authenticité aussi bien que celui des seigneurs. Il eut une justice et, plus tard, le pouvoir de nommer les notaires de la ville. Toutefois, au dix-huitième siècle, la suppression des chatres du chapitre firent perdre au doyen la plupart de ces droits, et il ne lui resta bientôt plus de son lustre que la qualité *d'archiprêtre* et la nomination de deux ou trois curés, notamment ceux de Saint-Macaire et de Genneton.

C'était peu, assurément, eu égard aux honneurs passés. Mais la Révolution vint et trouva que c'était trop. Si bien que 1791 vit la vente de l'ancien temple protestant que Louis XIV avait offert aux chanoines à leur retour d'exil.

A cette époque, le doyen s'appelait Jean-Vincent Demège et descendait d'une vieille famille noble du Comtat Venaissin. Avec l'abbé Jagault, qui devait être plus tard curé de Saint-Médard, il suivit les armées vendéennes, à la suite desquelles il fut tué en 1793. Sa mort, naturellement, laissait libre la dignité *d'archiprêtre*, qui fut alors conférée au curé de l'église Saint-Médard, M. l'abbé Goirand, et à ses successeurs[1].

1. A quelle époque ce titre d'archiprêtre fut-il donné au doyen de

Qu'on nous permette de remarquer à ce propos que la qualité d'archiprêtre a considérablement changé de sens depuis le Concordat.

Jadis, en effet, c'était là un titre qui donnait une autorité vraie, un pouvoir tangible qui se manifestait très souvent par des blâmes, voire des déplacements de prêtres et même — quoique rarement — par de respectueuses *remontrances* aux évêques. Tandis qu'aujourd'hui ce n'est plus qu'une dignité toute nominale, toute platonique, les doléances et les démêlés ecclésiastiques allant directement à la barre épiscopale.

Ce qui équivaut à dire que, de nos jours, l'archiprêtre se contente modestement d'être *primus inter pares*.

XIV.

A PROPOS DES REGISTRES DE SAINT-MÉDARD.

Nous avons dit, au début de cet ouvrage[1], comment les registres de la paroisse Saint-Médard avaient disparu et manquaient jusque vers les dernières années du seizième siècle.

Epargnés à partir de 1580, on les trouve au complet depuis cette date aux Archives municipales de Thouars. Et c'est précisément à propos de ceux-ci qu'une remarque

Saint-Pierre? On ne saurait le dire exactement, l'époque restant également indécise à laquelle remonte la subdivision du diocèse en archiprêtrés et doyennés. Tout ce que l'on peut certifier c'est que déjà, en 1180, d'après *Beauchet-Filleau*, Thouars était à la fois archiprêtré et doyenné. D'autre part, si, dans Grégoire de Tours et autres hagiographes du septième et du huitième siècle, on trouve la mention de quelques églises matrices qui ont servi d'origine aux anciens archiprêtrés, ce n'est qu'au huitième siècle que le titre d'archiprêtre fut définitivement fixé à telle ou telle cure de la circonscription ecclésiastique, époque à laquelle *Drouyneau de Brie* fixe précisément l'origine de Saint-Pierre du Chastelet.

1. V. chap. II, § 1.

intéressante est à faire quant au texte et à la forme.

De 1580 à 1769, en effet, les baptêmes, mariages et décès, ainsi que les faits importants intéressant la paroisse, sont écrits, *de la main même des curés* ou des vicaires, sur des feuilles timbrées aux armes royales à six sols et à un sol. Chaque acte, dûment paraphé de son rédacteur, est suivi des signatures des parrains, marraines, témoins et simples assistants.

Avec l'année 1769 commence, au contraire, une série de cahiers composés de feuillets à l'effigie de la République : REP. FRA. SEVRES LES DEUX, et timbrés à cinquante centimes. Quel que soit le signataire de l'acte, curé ou vicaire, l'écriture, régulière et très lisible, est la même de la première à la dernière page.

Mystère, n'est-ce pas?... L'ultime folio du Recueil 1767-1778 nous donne pourtant la clef de cette transformation :

« Je soussigné, archiviste du département des Deux-
« Sèvres, certifie que la présente copie est exacte et
« conforme au registre original déposé aux Archives du
« département. A Niort, vingt-un ventôse an VIII de la
« République française. *Signé :* Espinet. »

Les mots *conforme au registre original* impliquent sans conteste que certaines archives de Saint-Médard n'avaient été détruites ni par les Vendéens, ni par les Bleus lors du séjour à Thouars des soldats de l'un ou l'autre camp, comme on aurait pu le supposer. La vérité est heureusement plus simple. Au moment de la formation du district de Thouars, en 1790, les administrateurs reçurent de Niort l'ordre d'envoyer à l'archiviste départemental les actes paroissiaux des années 1768-1778, 1785, 1787 et 1789, cela pour des raisons qui nous échappent. Et ce n'est que neuf ans plus tard, le calme rétabli, que M. Richou, maire de Thouars, demanda à la préfecture le complément de sa collection, dont on garda au chef-lieu l'original pour n'envoyer aux intéressés qu'une copie, sous le contrôle du président Chauvin-Hersaut.

Du reste, les actes de Saint-Médard conservés à la mairie de Thouars s'arrêtent à l'an 1792, et nous ferons remarquer, en outre, que ceux de l'année 1790 sont transcrits sur du papier blanc au timbre de l'Empire et certifiés conformes, le 29 mars 1808, par le sieur Chevreau, greffier du tribunal de Bressuire, où se trouve déposé l'original.

CHAPITRE IV.

HISTOIRE

L'église Saint-Médard au dix-neuvième siècle.

CHAPITRE IV.

L'église Saint-Médard au dix-neuvième siècle.

I.

L'ANCIENNE CURE ET LA NOUVELLE.

Jusqu'en 1844, le curé et le vicaire de Saint-Médard occupaient un immeuble situé rue des Veuves — aujourd'hui rue Ligonniers — et dont une partie constitue maintenant l'habitation portant le n° 13 de la Grand'Route. Or, à cette date eut précisément lieu le percement de cette dernière et, le 5 juillet, le conseil de fabrique de la paroisse, réuni en séance extraordinaire sous la présidence de M. Caillard, se préoccupait de la situation faite de la sorte à son clergé, ainsi que le prouve le procès-verbal suivant :

« M. le Maire de la ville de Thouars a donné lecture « d'une lettre de M. le Sous-Préfet de l'arrondissement « de Bressuire, en date du vingt-neuf juin dernier, de « laquelle il résulte que ce magistrat demande l'avis du « Conseil sur l'opportunité de la vente de la maison qui « sert de logement actuel au curé de Saint-Médard et dont « une partie est enlevée par la traversée de la route « royale n° 138.

« Le Conseil, après avoir pris connaissance du plan de « la traversée de la route royale n° 138, considérant que « le principal corps du bâtiment est enlevé par la route, « et que le surplus sera tout à fait insuffisant pour le lo-

« gement du curé de Saint-Médard et de son vicaire, est « d'avis qu'il est de l'intérêt de la commune de vendre « ladite maison.

« En même temps il émet le vœu que les fonds qui pro- « viendront de cette vente soient employés, le plus « promptement possible, au rachat d'une maison propre « au logement du curé et du vicaire de Saint-Médard. »

Suivant ce vœu, la maison fut vendue et la cure se trouva transportée derrière l'église, dans le vieux bâtiment qu'elle occupe encore actuellement.

Disons vite qu'à l'une des nobles propriétaires de cet immeuble séculaire, qui appartenait autrefois à la famille de la Trémoïlle, une légende est attachée, que nous ne pourrions passer sous silence sans manquer au plus express de notre devoir d'historien.

Dans ses Mémoires manuscrits, Drouyneau de Brie raconte en effet que la duchesse Brabantine de Nassau, « plus animée que son mari, comme le sont toutes les « femmes chaussées d'une opinion, fit brûler presque « entièrement les Cordeliers, le monastère de l'église, « s'imaginant, disent quelques-uns, que ces bons Pères, « de leur jardin qui a vue sur la rivière, l'avaient lorgnée « un peu indiscrètement lorsqu'elle se baignait »... Or, justement, Brabantine logeait avec sa suite en la cure actuelle. D'aucuns estimeront peut-être que la pudique mais vindicative duchesse n'avait qu'à prendre ses ébats quelques toises en amont, où les arbres l'eussent dissimulée aux regards des curieux. Nous nous contenterons personnellement de penser, en toute justice, que la punition était fort disproportionnée à la prétendue offense, et que les « bons Pères » payèrent un bien gros prix la place de témoins involontaires.

Ajoutons enfin, pour être complets, que le curé de Saint-Médard — qui était alors l'abbé Robert — toucha la somme de 100 francs pour les frais que lui occasionnèrent son déménagement, ce qui met la main-d'œuvre de l'époque à un prix plus que raisonnable.

II.

LA QUESTION DES ORGUES. — LES MUSICIENS.

En 1846, le curé Robert eut une idée géniale. Ayant constaté la baisse sensible du produit des chaises, il songea que ledit produit serait peut-être susceptible d'augmentation et de fournir par suite des ressources insoupçonnées si l'église faisait l'acquisition d'un orgue qui donnerait plus d'éclat et de solennité aux cérémonies religieuses de la paroisse.

Après avoir réfléchi sur cette proposition, les membres du Conseil de fabrique, consultés, l'adoptèrent à l'unanimité, à la séance du 4 janvier, et chargèrent en conséquence leur trésorier, M. Bonnin-Body, de faire les démarches nécessaires « auprès des gens de l'art », lui promettant de couvrir sur les revenus de la Fabrique toutes les dépenses mentionnées par les mémoires des fournisseurs.

C'est exactement le 30 mars 1847 que le Conseil de fabrique accepta le prix de 6,000 francs pour l'orgue en question, qui devait être payé en dix échéances à M. Decenne, — le fournisseur, — dont la dernière en date du 11 février 1853. Et l'instrument fut aussitôt posé, à la plus grande satisfaction des fidèles et du clergé.

Le premier organiste fut un sieur Orbert, au traitement de 300 francs par an, lequel fut remplacé le 22 décembre 1852 par M. Clément, musicien. Ce dernier eut à son tour pour successeur, en 1855, un nommé Liosum, lequel se vit lui-même remplacer, le 2 octobre 1858, par M. Chantaize (Firmin).

Aussi bien, celui qui en avait eu l'idée ne put-il jouir

longtemps de l'exécution, puisque, en 1848, M. l'abbé Métayer vint prendre, à la cure de Saint-Médard, la place de son collègue Robert.

Enfin, si l'on en croit certaines indiscrétions, il serait présentement question de mettre à la place de ce jeu d'orgues déjà vieux un nouveau, plus complet, et dont le prix approximatif ne s'éloignerait pas de 500 louis.

Mais il n'est pas toujours sage d'écouter les indiscrets, et nous donnons pour le moment ce bruit sous les plus expresses réserves.

III.

L'ÉGLISE SAINT-MÉDARD ET L'ABBAYE DE SAINT-JEAN-DE-BONNEVAL.

Ainsi que nous l'avons déjà dit au cours de cette étude, par une bulle de 1169, l'église Saint-Médard avait été donnée en domaine particulier à l'abbaye de Saint-Jean-de-Bonneval-lès-Thouars, par le pape Alexandre III, et, jusqu'à la Révolution, la cure de Saint-Médard resta à la nomination de l'abbesse de Saint-Jean. Nous ne nous abandonnerons pas, on le comprend, à faire une monographie, même courte, de l'abbaye de Saint-Jean, à remonter aux origines lointaines du couvent, ni à suivre les abbesses dans leurs pérégrinations à travers les deux religions, — ce qui ne saurait trouver place ici; nous prendrons, au contraire, son histoire à la Révolution, époque à laquelle, pour nous, elle commence à devenir intéressante.

En 1791, les religieuses expulsées, le couvent fut vendu à vil prix comme « bien national », et l'acquéreur ne crut pouvoir mieux faire que de démolir en partie le bâtiment et de tirer argent des matériaux.

Longtemps, les choses demeurèrent en cet état, l'église ayant été à peu près respectée, quoiqu'elle fût devenue un véritable cloaque par suite de la disparition d'une partie des voûtes. Et c'est seulement sous le second Empire que l'on répara la chapelle, et en 1859 que cette dernière fut rendue au culte.

Les voûtes avaient été complétées; mais à cause du peu de crédit disponible, on ne put copier les magnifiques proportions du modèle, et l'on dut se résigner à faire plus petit et plus simple. Ce qui n'empêche pas le monument de présenter un très beau spécimen d'architecture bien supérieur assurément à son voisin de Saint-Jacques.

Déjà, au mois de janvier 1846, le Conseil de fabrique de Saint-Médard, dont dépendait spirituellement la commune de Saint-Jean, avait autorisé le maire de celle-ci à vendre la terre végétale qui pourrait être extraite de l'ancien cimetière du bourg, afin de la niveler pour en faire une place publique plantée d'arbres, à la triple condition que les ossements recueillis soient transférés respectueusement en un lieu convenable, — que, sur la place projetée, l'on prohibât les danses, à cause de la proximité de la chapelle, — et, enfin, que le produit de la vente des terres et des matériaux déblayés soit employé à la construction d'une maison d'école et d'une salle de mairie auprès du grand mur encore debout au sud du cimetière.

C'est donc en 1859, suivant les avis réunis du Conseil de fabrique de Saint-Médard et des autorités, que l'évêque de Poitiers érigea la chapelle de Saint-Jean en chapelle de secours. La fabrique, de ce fait, s'était engagée à subvenir, sur ses revenus, aux frais nécessités par l'exercice du culte et avait voté 182 francs pour aider aux dernières réparations.

Le vicaire de Saint-Médard fut désigné, en outre, pour officier à Saint-Jean tous les dimanches, y célébrer les baptêmes et les mariages, assister les malades et procéder aux enterrements.

Rien, depuis, n'a été changé à ces dispositions.

Enfin, pour en terminer avec la chapelle de Saint-Jean, disons que le clergé de Saint-Médard n'a *aucune* obligation vis-à-vis de la commune, contrairement à ce qui se produit lorsqu'il s'agit d'une chapelle vicariale ou paroissiale. C'est là simplement une sorte d'annexe pour la plus grande commodité du desservant, sans nul devoir correspondant à la charge de celui-ci.

IV.

1866. — FÊTES EN L'HONNEUR DE LA BIENHEUREUSE FRANÇOISE D'AMBOISE A L'ÉGLISE SAINT-MÉDARD.

1866! Pour un grand nombre de vieux Thouarsais dont il nous serait facile de citer les noms, un souvenir ému s'attache à cette année qui fut celle des plus belles fêtes peut-être dont ait à s'enorgueillir la paroisse Saint-Médard : les fêtes en l'honneur de la bienheureuse Françoise d'Amboise. Et, personnellement, cette page de la chronique thouarsaise nous est vraiment agréable à écrire, à trente-cinq ans de distance.

Disons-le de suite : nous croirions faire injure au lecteur en lui narrant par le menu la vie de Françoise d'Amboise. Chacun sait, en effet, que, née en 1427, au château de Thouars, du vicomte Louis Ier d'Amboise et de Marie de Rieux son épouse, Françoise, après avoir été fiancée très jeune à Pierre, second fils de Jean V de Bretagne, épousa le jeune prince à l'âge de quinze ans, en 1442. Duchesse de Bretagne de 1450 à 1457, Françoise employa ces sept ans uniquement à des œuvres de charité, si l'on veut bien excepter la douce influence exercée par elle sur l'esprit et la conduite de son mari, à la mort duquel elle entra au monastère des Carmélites. Et nul à Thouars n'ignore de quelles vertus elle y fit preuve en face des pires calamités et de quelle angélique façon elle s'éteignit, en 1485, au monastère de Couëts, près de Nantes.

Or, en 1858, à la suite d'une enquête de l'évêque de Nantes sur le culte des saints honorés dans son diocèse, l'authenticité des reliques de la bienheureuse Françoise d'Amboise fut officiellement reconnue, et les évêques de l'ouest, ainsi que les chapitres des églises intéressées, implorèrent du Vatican la confirmation du titre de la sainte et du culte généralement observé pour elle dans la contrée. La réponse se fit attendre jusqu'en 1863, date à laquelle (16 juillet) le pape Pie IX sanctionna la requête de son autorité apostolique, et la fête de la duchesse fut fixée au 5 novembre. Trois ans plus tard, de solennelles cérémonies eurent lieu à Nantes, à la suite desquelles M. Métayer, archiprêtre de Saint-Médard, qui représentait là-bas Mgr Pie, rapporta comme reliques pour Thouars un morceau de l'os de la cuisse (*partem ex femore*) qui, provisoirement déposées à Saint-Médard, devaient être transportées à la chapelle du chateau[1]. Et c'est à l'occasion de ce transfert que furent précisément décidées, en novembre 1866, les fêtes dont nous parlions plus haut et qu'annonçait en ces termes la circulaire adressée au clergé[2] :

« Un *triduum* de pieux exercices précédera la solennité. Le jour de la Toussaint, à l'issue des vêpres, qui seront chantées à deux heures, nous exposerons la sainte relique dans l'église de Saint-Médard de Thouars. Il y aura sermon, ainsi que les deux jours suivants.

« Le dimanche, à deux heures, nous chanterons pontificalement dans la même église les premières vêpres de la fête de la Bienheureuse, et nous donnerons la bénédiction papale avec indulgence plénière, en vertu d'un indult particulier.

1. Elles sont aujourd'hui revenues à l'église Saint-Médard.
2. *Semaine liturgique* du diocèse de Poitiers.

« La procession, ensuite, se mettra en marche vers la « chapelle du château, où la cérémonie se terminera par « une allocution de Mgr l'évêque d'Angoulême et par la « bénédiction du T. S. Sacrement que donnera Mgr l'évê- « que d'Angers. »

Le programme fut suivi à la lettre, rehaussé encore par la présence des évêques d'Angers, de Moulins, d'Angoulême, du R. P. abbé de Ligugé, ainsi que par celle de tous les ecclésiastiques de l'archiprêtré.

Au cours des cérémonies qui marquèrent les trois premiers jours, les prédications de M. l'abbé Marais, curé-doyen de Neuville, attirèrent particulièrement l'attention des fidèles, déjà captivés par la haute taille, le regard de feu, la voix sonore de l'orateur. Des chœurs et des cantiques alternaient avec les sermons, et ce furent-là, pour Saint-Médard, d'inoubliables heures. Mais c'est surtout le quatrième jour, dimanche 4 novembre, que la fête revêtit le caractère enthousiaste et grandiose des réjouissances populaires tout ensemble et religieuses.

Dès le matin, d'heure en heure, arrivaient les pèlerins, par les différentes portes de la ville, qui, bientôt, vit sa population accrue de quelque huit ou dix mille âmes. Les ecclésiastiques se trouvaient même en un tel nombre qu'ils faisaient « queue » devant les chapelles pour célébrer leurs messes, prolongées par d'abondantes communions. Enfin, après les vêpres, dont Mgr Pie présidait l'office, la procession sortait par la porte occidentale, avec, en tête, la bannière de Saint-Médard et l'orphéon de M. Chantaize. Longuement, le cortège blanc et rouge parcourut la place Saint-Médard, les rues du Grenier-à-Sel, des Cordeliers, du Minage, Saint-Médard, des Jacobins, du Prévôt, toutes remarquablement pavoisées et décorées. Puis, après un arrêt sur la place Lavault, il prit le chemin de la chapelle du château, où la remise de la relique eut lieu.

Le soir, malgré le froid, un peu partout des illuminations bariolaient l'obscurité, notamment sur la place Saint-Médard, où un obélisque étincelait des feux d'innombrables lanternes. Et de même que la fête religieuse s'était achevée avec les derniers nuages d'encens, de même la fête populaire finit avec les derniers lampions.

— J'ai vu bien des spectacles, disait plus tard le marquis de Lusignan, aucun ne m'a laissé pareille impression[1] !

V.

« TE DEUM » A L'ÉGLISE SAINT-MÉDARD (GUERRE FRANCO-ALLEMANDE).

La nouvelle court la France : dès la déclaration de guerre, le 2 août 1870, nos troupiers ont repoussé l'ennemi à Sarrebrück. Et c'est aussitôt, à Thouars comme dans toutes les communes, l'annonce d'un *Te Deum* superbe.

L'église de Saint-Médard est à peine assez grande pour contenir la foule des fidèles et des fonctionnaires. Le chœur est envahi. La joie sainte d'avoir vaincu et d'en remercier Dieu s'écrit sur les visages :

Te Deum laudamus
Te dominum confitemur...

On se croirait revenu aux années magnifiques du premier empire, après quelqu'un des bulletins de l'Empereur, — ces bulletins fameux où l'Aigle, de sa griffe, marquait lui-même les étapes de son vol audacieux, — ou au lendemain des grandes équipées de l'armée de Crimée et d'Italie.

Ah ! qu'il est donc saint le bonheur de ce peuple ac-

1. Cf. la *Relation des Fêtes de Thouars en l'honneur de la Bienheureuse Françoise d'Amboise*, par M. l'abbé Rozière (Oudin, 1867).

couru à l'appel du carillon des grandes fêtes, bonheur immense mêlé de cette fierté, de cette mâle grandeur qui se lisent, au sortir du combat, sur les traits du vainqueur! Et comme elles semblent prêtes à éclater d'orgueil, ces têtes penchées sous l'aigre commandement de la clochette des enfants de chœur et cachant toutes le même rêve de conquête rapide : Berlin pris, l'Allemagne à nos pieds... Rêve trop court dont le réveil est cruel!

Deux jours passent, et c'est la première défaite : Wissembourg. Puis Werth, Forbach, jours malheureux, premières marches du calvaire de Metz et de Sedan!... Et voici pourtant, soudain comme un éclair, que s'écrit à notre ciel un nom victorieux : Coulmiers!... Une minute, la patrie respire, et de nouveau retentit sous les voûtes de Saint-Médard le *Te Deum* glorieux.

Hélas! malgré les strophes de gratitude, un deuil oppresse les cœurs, et des larmes douloureuses, des larmes douces et âpres, se mêlent aux prières — et des sanglots au bruit des chants... Certes, la foi en Celui qui doit sauver la France demeure grande et pure. Mais le Bourget, Buzenval sont proches, — et ces âmes meurtries, prises au mysticisme de l'heure solennelle, pressentent les futurs et nobles échecs.

Demain, ce sera Paris envahi. Demain, ce sera l'acte de Francfort. Et l'on pleure sur demain comme on espérait en la veille,... tandis que là-bas monte aux voûtes l'appel du prêtre, parmi l'encens.

Sarrebrück, Coulmiers, joies éphémères qu'écrasa le drame[1]!...

1. Depuis le Consulat, des *Te Deum* d'actions de grâces furent chantés à l'église Saint-Médard à chacune des grandes victoires de nos armées à travers l'Europe. Il serait toutefois puéril de les mentionner tous ici, ce qui ne saurait être qu'une nomenclature de nos succès militaires à partir de Marengo. Aussi, n'avons-nous cru devoir citer que ceux de 1870-71, dont les patriotes thouarsais gardent encore le poignant souvenir.

VI.

M. VALLÉE, ARCHIPRÊTRE. — LES LEGS.

En 1877, il y eut un changement à Saint-Médard : M. Métayer, archiprêtre, mourait et cédait la place à M. l'abbé Vallée.

Mais avant de quitter définitivement la cure, M. Métayer voulut laisser un signe palpable de son passage, ainsi que nous le prouve l'extrait suivant de la délibération du Conseil de Fabrique, à la date du 27 septembre 1877 :

« M. Gallot, président, ouvre la séance et donne communication d'un acte passé devant Me Bafour, notaire à Thouars, par lequel M. Métayer, curé de Saint-Médard, fait à la Fabrique de sa paroisse l'abandon d'une somme de 2,400 francs qu'elle lui redoit encore, à la charge pour elle d'acheter de la rente sur l'État pour un chiffre égal et établir une fondation de cinquante messes par année, pour M. le Curé et ses parents défunts.

« Le Conseil exprime à son vénérable curé sa reconnaissance pour le petit avantage qui résultera pour la Fabrique de la fondation proposée, accepte à l'unanimité la proposition, et va sans retard remplir, près de l'Évêché et de la Préfecture, les formalités voulues. »

Les « *formalités voulues* » qu'elle devait faire, à la suite de ce don généreux, n'étaient d'ailleurs pas nouvelles pour la Fabrique de Saint-Médard.

De nombreux legs, en effet, lui avaient été déjà offerts, qu'elle avait acceptés, et parmi lesquels nous citerons particulièrement les plus récents : celui de Mme Marie Turpin, épouse de M. Bazile Fournée, ancien notaire à Bouillé-Lorets (autorisé le 1er mai 1860); — et celui de la famille Richard (2,400 francs), le 3 décembre 1874; « à la condition que chaque semaine on dirait une messe pour le repos de l'âme des défunts père et mère Richard ».

Puisque nous sommes sur ce chapitre spécial, qu'on nous permette de donner, en terminant, pour mémoire, les legs les plus importants qui suivirent celui de M. l'abbé Métayer : legs posthume de Mme Marie Vaissonneau, veuve de Pierre Martineau, huissier à Thouars, autorisé le 31 décembre 1889, et constitué par un capital de 6,000 fr., avec cette clause que le curé de Saint-Médard dira trente-trois messes par an, à perpétuité, à l'intention de M. et Mme Martineau et leur fils, dont trois aux jours anniversaires du décès de chacun d'eux; — le 13 décembre 1888, legs de Mme veuve Patris, demeurant à Thouars, consistant en une rente annuelle de 150 francs, pour cinquante messes à dire par an, et à perpétuité, en l'église Saint-Médard[1]; — enfin, le 7 octobre 1900, le Conseil de Fabrique autorisait son trésorier à signer une convention pour la fondation de vingt-quatre messes basses par Mme veuve C..., au profit des défunts des familles C..., L... et B..., la rente promise étant de 72 francs.

Aussi bien ne faut-il pas s'imaginer que ces différents dons étaient acceptés sans contrôle par la Fabrique. Une enquête précédait toujours le vote approbatif des membres du Conseil. C'est ainsi qu'en 1885, à leur séance de la Quasimodo, ceux-ci repoussèrent le legs de 1,000 francs fait à la paroisse par une demoiselle Émilie Chaigneau, décédée à Glenouse, parce que, dit le procès-verbal, « la fortune du frère était très modeste et que les trois héritiers se trouvaient presque dans le besoin », — et donnèrent ainsi un magnifique exemple de charité et d'intelligent altruisme.

1. Une circulaire de Mgr Pie, en date du 12 août 1873, fixe à 3 francs au moins une messe de fondation à perpétuité.

De te fabula narratur, pourrait-on dire, en la circonstance, à bien des pouvoirs publics...

VII.

DÉLIMITATION DES PAROISSES.

A partir de la Révolution, il n'y eut plus à Thouars que deux paroisses, celle de Notre-Dame-du-Château ayant disparu, et en 1801 une première délimitation entre Saint-Médard et Saint-Laon fut fixée par décret du premier consul. La commune des Hameaux, composée du Bourg-Neuf, de Belleville et de Vrines, était donnée mi-partie à l'une des paroisses de la ville, mi-partie à l'autre. A l'intérieur de l'enceinte, la séparation était constituée par la route de Saumur, jusqu'à la rivière où un bac établissait la communication entre Saint-Jacques et Thouars.

Mais, de la sorte, le curé de Saint-Laon, lorsque le pont fut construit au bas du château, devait passer sur le territoire dépendant de Saint-Médard pour se rendre à la chapelle de secours de Saint-Jacques, laquelle dépendait *spirituellement* de son ressort, de même que celle de Saint-Jean dépendait de Saint-Médard. Une prière fut adressée, en 1870, à Mgr Pie, évêque de Poitiers, pour qu'il tranchât de son autorité cette question, en soi d'une solution facile. Mgr Pie répondit, le 22 février 1880, en priant les curés de Thouars de s'en rapporter à l'ancienne limite qu'il jugeait parfaitement établie.

Il fallut bien se résigner, et les choses seraient probablement restées longtemps en cet état si, le 22 mai 1885, un décret du Président de la République n'avait supprimé la commune des Hameaux et rattaché deux des territoires la composant à la commune de Thouars, un troisième à celle de Sainte-Radegonde, et un quatrième à celle de Sainte-Verge.

L'évêque de Poitiers, Mgr Bellot des Minières, se rappelant alors les demandes précédentes des curés de Thouars, profita de l'occasion qui se présentait pour respecter à la fois les désirs de son clergé et les délimitations administratives, et le 2 septembre de la même année ordonna ce qui suit :

« 1° Les habitants de l'ancienne commune des Hameaux domiciliés sur les territoires annexés à la commune de Thouars sont et demeurent soumis à la juridiction du curé de Saint-Médard, sauf la restriction ci-après ;

« 2° Les habitants domiciliés sur la portion de terrain qui, à partir de la place Lavault, se trouve à gauche, le long de la route de Saumur, sont, à dater de ce jour, rattachés à la paroisse de Saint-Laon et demeurent soumis à la juridiction spirituelle du curé de cette dernière paroisse, le côté droit de la route de Saumur appartenant à Saint-Médard ;

« 3° Le chemin qui va de la place Saint-Pierre au pont de fil de fer servira, sur ce point, de limite aux deux paroisses, la droite appartenant à Saint-Laon et la gauche à Saint-Médard. »

Ce dernier article, seul, changeait l'ancienne délimitation de l'enceinte. Mais il la modifiait selon le désir exprimé autrefois par le clergé de Saint-Laon, qui, désormais, peut se rendre à Saint-Jacques sans abandonner sa propre paroisse.

VIII.

M. L'ABBÉ PERLAT, ARCHIPRÊTRE. — LE BAPTÊME DES CLOCHES.

M. l'abbé Vallée étant mort le 11 avril 1895, son successeur, M. l'abbé Julien Perlat, ancien curé de Saint-Jean-de-Sauve, fut canoniquement installé le 21 juillet, avec les solennités prescrites par les ordonnances diocésaines, par M. l'abbé Périvier, vicaire général, délégué de Mgr Pelgé, en présence de nombreux membres du clergé et du Conseil de Fabrique.

« La nomination du nouvel archiprêtre de Thouars, écrivait alors dans la *Semaine religieuse* M. l'abbé Barbot, curé de Loudun, est une des plus heureuses pensées d'un épiscopat déjà si visiblement béni du ciel. C'est une largesse ajoutée par Monseigneur aux bontés déjà prodiguées par lui à la paroisse de Saint-Médard. Par-dessus tout, c'est un gage du bien qui va s'y faire pour le plus grand profit des âmes et la plus grande gloire de Dieu. » On sait combien l'avenir a justifié ces prévisions et confirmé ces espérances, et de quelle façon rapide M. Perlat s'attira l'estime et le respect de ses nouveaux paroissiens.

Ceux-ci, du reste, eurent bientôt l'occasion d'afficher leurs sentiments. Nous voulons parler de la bénédiction des cloches de Saint-Médard, au mois de mars 1896.

Dans les derniers jours de l'année 1894, M. l'abbé Vallée, ayant à faire refondre la seconde cloche de Saint-Médard[1], avait demandé à M. Georges Bollée, fondeur à Orléans, quel serait le prix d'une sonnerie complète de quatre cloches, dont trois nouvelles. Son intention était alors de doter l'église d'un carillon. Par une lettre, dont il fut donné lecture au Conseil de Fabrique, M. Bollée répondit que, tous frais compris, la dépense s'élèverait à 4,250 francs, et qu'il s'engageait, en outre, à établir gratuitement la charpente nécessaire pour suspendre les trois cloches dans l'église le jour de la bénédiction.

1. Cette cloche mesurait 81 centimètres de hauteur sur 1 mètre de diamètre à la base. Elle portait les inscriptions suivantes : L'AN 1837, J'AI ÉTÉ BÉNITE PAR M. A. MORIN, ARCHIPRÊTRE DE THOUARS ET CHANOINE HONORAIRE DE POITIERS, NOMMÉE SYLVIE-MAXIMILIENNE PAR M. LOUIS POMMIER, TRÉSORIER DE L'ÉGLISE SAINT-MÉDARD, ET PAR Mlle R.-E.-M.-CAROLINE REDON. — BOLLÉE FRÈRES, FONDEURS A CLERMONT (HAUTE-MARNE).

Ces conditions ayant été acceptées par le Conseil, M. l'abbé Vallée s'engagea à prêter à la Fabrique la somme de 4,000 francs, au taux de 3 1/2 %. Malheureusement, M. Vallée vint à mourir avant l'exécution du projet, et il fut décidé que l'on ne donnerait suite à ce dernier qu'à l'arrivée du successeur,

Or, M. l'abbé Perlat, après son installation, allait reprendre sur d'autres bases l'œuvre de la sonnerie paroissiale, lorsque l'héritier de M. Vallée, M. Hy, vint le prévenir que son oncle, dans ses dernières volontés, avait stipulé que les 4,000 francs prêtés par lui à la Fabrique seraient versés à celle-ci en qualité de *don* pour l'achat des cloches désirées.

Cette générosité de l'ancien archiprêtre simplifia considérablement les choses. Pour parer à tout imprévu, le Conseil de Saint-Médard vota 1,000 francs sur le budget supplémentaire de 1896. Et, le 15 mars de cette même année avait lieu la bénédiction des trois nouvelles cloches : *Emilienne-Charlotte-Louise* (parrain et marraine M. et Mme Seignan), — *Héloïse-Marceline-Marie* (parrain M. Tuzellet, marraine Mme Tuzellet), — et *Marie-Louise-Juliette* (parrain M. le Dr Charier, marraine Mlle Charier), — suspendues gracieusement à l'entrée du sanctuaire, semblables à trois grands oiseaux de bronze prêts à prendre leur vol.

Monseigneur était là, parmi sa cour nombreuse des hauts dignitaires et des prêtres de la région. Dans l'église, tout un peuple se pressait, emplissant la nef, heureux comme on l'est en une fête de famille. Après le chant solennel des vêpres et le sermon où M. l'abbé Ménard s'éleva jusqu'aux plus merveilleux sommets de l'éloquence sacrée, ce furent les mystérieuses cérémonies de la bénédiction, les lotions purifiantes de l'huile sainte, le prime vagissement des colosses de bronze, à l'appel de l'évêque qui les appelle tour à tour par leur nom et les frappe à trois fois. Et ce fut enfin l'écoulement joyeux du peuple thouarsais, sous le geste bénissant de Mgr Pelgé, tandis que parrains et marraines laissaient tomber sur la foule compacte une pluie de dragées et de gros sous, — manne terrestre vers laquelle petits et grands se jetaient.

Maintenant, sentinelles fidèles, nos cloches bénies veillent sur Thouars, sonnent ses joies et ses douleurs, mêlant leurs voix aux sanglots comme aux rires de l'homme, qui les salue avec amour dans l'allégresse des beaux jours et, plus encore, dans l'affliction des heures de deuil.

IX.

LISTE DES CURÉS DE SAINT-MÉDARD DEPUIS LA FONDATION JUSQU'A NOS JOURS[1].

NOMS DES ABBÉS.	DATE approximative	DATE d'entrée à la cure.	DATE de départ ou mort.
PEREGRINUS	1100	»	»
THÉBAUD	1114	»	»
....	»	»	»
PIERRE	1182	»	»
Jean DAVID	1219	»	»
....	»	»	»
Nicolas d'AIGREMONT	1471	»	»
....	»	»	»
DES PIERRES	1541	»	»
....	»	»	»
Arnoul FOURNIER	»	1582	1600
Pierre DRILLAUD[2]	»	1600	1628
Pierre BRION[3]	»	1628	1663
François POING	»	1663	1665
Pierre BOULLIAUD	»	1665	1693

1. D'après les registres de baptêmes de la paroisse Saint-Médard, depuis 1582. (*Archives municipales de Thouars*).
2. Ancien vicaire de la même église.
3. *Idem*.

NOMS DES ABBÉS.	DATE approximative.	DATE d'entrée à la cure.	DATE de départ ou mort.
Guillaume BOULLIAUD[1]...	»	1693	1723
Pierre BOULLIAUD[2]........	»	1723	1750
R. PIGNON DES CÔTEAUX[3].	»	1750	1755
Pierre QUETIN...........	»	1755	1791
Abel GOIRAND............	»	1791	1809
Nicolas JAGAULT[4]........	»	1809	1835
N. MORIN................	»	1835	1843
Jean ROBERT.............	»	1843	1848
Jacques MÉTAYER........	»	1848	1877
N. VALLÉE...............	»	1877	1895
Julien PERLAT...........	»	1895	»

X.

CLERGÉ ET CONSEILS DE FABRIQUE ACTUELS DE L'ÉGLISE SAINT-MÉDARD.

1° *Clergé :*

M. l'abbé PERLAT (Julien), *archiprêtre.*

M. l'abbé MARCHAND, *vicaire, aumônier de la Maison centrale.*

2° *Conseil de fabrique :*

M. MATHIEU, *président.*

M. BENOÎT, *ordonnateur.*

M. TÉZÉ, *trésorier.*

M. TUZELLET, *membre.*

M. COUTANT, *membre.*

M. le MAIRE de Thouars, *membre.*

M. l'ARCHIPRÊTRE de Thouars, *membre.*

1. Guillaume Boulliaud était anobli et portait : d'azur à trois besans d'or, deux en chef et un en pointe, et un chef d'argent chargé d'un lion naissant de gueules. (Ch. d'Hozier, *Thouars.*)

2. Membre de la même famille thouarsaise que les deux précédents. Était ancien vicaire de Saint-Médard et ex-chanoine de Saint-Pierre.

3. Ancien vicaire de l'église Saint-Médard et ex-curé de Notre-Dame-du-Château.

4. Fit campagne pendant les guerres de Vendée, et se distingua à plusieurs reprises parmi les nombreux prêtres de l'armée royaliste.

TABLE DES MATIÈRES

CHAPITRE IV.

Toulouse. Imp. DOULADOURE-PRIVAT, rue St-Rome, 39. — 10"8

Contraste insuffisant

NF Z 43-120-14

www.ingramcontent.com/pod-product-compliance
Lightning Source LLC
LaVergne TN
LVHW020405230826
846091LV00003B/1153

* 9 7 8 2 0 1 2 8 3 2 0 7 7 *